Benjamin D'Ooge

Easy Latin for sight reading for secondary schools

Benjamin D'Ooge
Easy Latin for sight reading for secondary schools
ISBN/EAN: 9783337278090
Printed in Europe, USA, Canada, Australia, Japan
Cover: Foto ©Paul-Georg Meister /pixelio.de

More available books at **www.hansebooks.com**

EASY LATIN FOR SIGHT READING

FOR SECONDARY SCHOOLS

SELECTIONS

FROM

RITCHIE'S FABULAE FACILES, LHOMOND'S
URBIS ROMAE VIRI INLUSTRES, AND
GELLIUS' NOCTES ATTICAE

EDITED, WITH INTRODUCTION, MODELS
FOR WRITTEN LESSONS, IDIOMS, AND ANNOTATIONS

BY

B. L. D'OOGE
MICHIGAN STATE NORMAL SCHOOL

GINN & COMPANY
BOSTON · NEW YORK · CHICAGO · LONDON

PREFACE.

This little book is put forth with the hope that it will lead to more sight reading in secondary schools. While theoretically all agree that nothing is more helpful and inspiring, practically but few give it the attention it deserves. When sight reading is made to mean loose guessing and inexact interpretation of Latin as a refuge from hard study and scholarly habits, nothing can be urged in its defense; but properly understood as a method by which one may be safely and surely led to read and understand Latin as Latin, to take in its thoughts easily in the order in which they are presented, with no conscious appeal to English, we must all acknowledge its primary importance.

Poor results in the study of Latin are largely due to misdirected energy. Students learn much about the language, but do not learn the language itself. They get the form, but not the substance. While no language can be learned without knowing its grammar and syntax, the amount of such knowledge that is necessary to one who seeks only the meaning of the text is much smaller than is often supposed; and however valuable close grammatical analysis may be for other purposes, it may, and no doubt often does, seriously impede progress towards rapid reading and intelligent appreciation. The man who parsed Milton's "Paradise Lost" from beginning to end can hardly have felt the poet's inspiration, whatever he may have learned of formal grammar.

Students can never really enter the field of Latin literature nor read it widely and appreciatively who cannot understand it as it is written, without change of order and without formal translation. We translate far too much, we read the original far too little. Students should be taught to read, and to understand as they read, without translation, from the very beginning. The aim from the outset should be to learn to read Latin. This is not so difficult as it seems, and pupils in secondary schools can with proper instruction acquire considerable facility in this direction.

Many of us have felt the lack of just the right kind of reading-matter for beginners to grapple with. The ancients did not write for babes and sucklings, and the Latin offered for translation at sight is mostly meat too strong for young beginners. Latin that is too hard is worse than useless, and leads to nothing but discouragement and self-depreciation. Students must feel that they can conquer and are conquering from day to day. It has seemed to me that for a well-graded series of selections for secondary schools nothing better can be found than Ritchie's *Fabulae Faciles*, Lhomond's *Urbis Romae Viri Inlustres*, and Gellius' *Noctes Atticae*. The selections have accordingly been made from these three sources. The *Fabulae Faciles* may be used to advantage during the latter half of the first year and the first part of the second; the selections from *Viri Romae* come next in difficulty, and then those from Gellius. It has been my purpose to afford sufficient and suitable material for the entire preparatory course. It is hoped that, far from being an added burden to students already overworked, the use of this book will greatly facilitate the progress through the required work.

From considerable experience with classes in sight reading and from the experience and publications of others, I have compiled and formulated in a few introductory pages some hints and suggestions that I have found most useful, practically, in teaching the art of reading Latin. These are followed by a few models for written lessons, which will be of some use in fixing the foregoing suggestions. In these I have followed, in the main, the method which Prof. W. G. Hale describes in his well-known pamphlet, "The Art of Reading Latin." While Professor Hale's method is admirable in many respects, it is possible for less skillful teachers to overdo the science to the detriment of the art, *i.e.*, to perplex the mind with unnecessary questions as to possible or probable constructions that only delay the successful progress of the interpretation. I do not, therefore, think it well to continue such close analysis by written work, after the fundamental principles of Latin order and syntax have been well mastered.

The text of the selections from *Viri Romae* is that of Holzer's tenth edition (Stuttgart, 1889); Hertz (Leipsic, 1886) has been followed in those from Gellius. For the material from *Fabulae Faciles*, I am indebted to Mr. F. Ritchie, of Seven Oaks, England, who kindly placed his excellent little book at my disposal. Barring a few simplifications, and some modifications in orthography and punctuation, the texts have been followed without variation. As authority for quantities the last edition (1895) of Lewis' Elementary Latin Dictionary has been followed, as the most widely adopted, if not in all cases the best standard.

The notes consist in the main of synonyms, antonyms, and Latin paraphrases and definitions. In these the words used are such as are common in Caesar, Cicero, and Vergil, the aim being to increase the student's vocabulary and thereby his ability to read those authors. English translations are given only where no happy and easy Latin equivalent suggested itself.

It is suggested that teachers make frequent use of the selections for oral reading. Our methods of teaching are apt to neglect the ear, a most powerful instrument in the interpretation of thought, and to train the eye only. Often good students will fail to understand the simplest Latin when it is read to them. These selections will be found of about the right difficulty for this important discipline.

Full and grateful acknowledgment is made to all who have added to the value of these pages by their publications in this field. Many helpful suggestions have been drawn from these sources. Special thanks are due to Dr. John Tetlow, head-master of the Boston Girls' High and Latin Schools, for many valuable criticisms; and to Principal A. R. Crittenden, of the Ypsilanti High School, and to Miss Helen B. Muir, assistant in ancient languages in this institution, for assistance in reading the proof.

B. L. D'OOGE,
Michigan State Normal School.

NOVEMBER 20, 1896.

CONTENTS.

	PAGE
INTRODUCTION	1
MODELS FOR WRITTEN LESSONS	15
COMMON LATIN IDIOMS	20
SELECTIONS FROM RITCHIE'S FABULAE FACILES	25
I. PERSEUS	25
II. HERCULES	32
SELECTIONS FROM LHOMOND'S VIRI ROMAE	64
I. MARCUS ATILIUS REGULUS	64
II. PUBLIUS CORNELIUS SCIPIO AFRICANUS	69
III. MARCUS PORCIUS CATO	88
IV. AEMILIUS PAULUS MACEDONICUS	97
SELECTIONS FROM GELLIUS' NOCTES ATTICAE	106

NO.
110. The reply of Fabricius to the Samnite ambassadors . 108
111. Why Socrates put up with his quarrelsome wife, and what Varro says about the duty of husbands . . 109
112. The Sibylline books 110
113. Who Papirius Praetextatus was, and why he was so called 112
114. The epitaphs of Naevius, Plautus, and Pacuvius . . 114
115. Socrates' endurance and temperance 115
116. What divinity causes the earthquake 117
117. Shaving among the Romans 119
118. A famous letter written to King Pyrrhus by the Roman consuls 120
119. Sudden death caused by excessive joy 122
120. Why Fabricius favored Rufinus, an avaricious man, for the consulship 123

CONTENTS.

NO.		PAGE
121.	Alexander's horse, Bucephalas	124
122.	How Hannibal mocked Antiochus	126
123.	How the mute son of Croesus regained the power of speech	127
124.	A story about Polus, the actor	129
125.	The sanctity of an oath among the Romans	130
126.	Some famous ancient libraries	132
127.	A letter of King Philip to Aristotle	133
128.	The largest rivers of the ancient world	134
129.	Why the Greeks and Romans wear the ring on next to the smallest finger of the left hand	135
130.	A story about the Romans and the Carthaginians	136
131.	The response of Romulus about the use of wine	137
132.	A memorable reconciliation between two distinguished men	137
133.	A conversation between Pacuvius and Accius	139
134.	The strange death of Milo, the athlete	140
135.	A marvelous prediction of the battle of Pharsalia	141
136.	Mithradates and Ennius as linguists	142
137.	That it is worse to be coldly praised than to be too harshly criticised	142
138.	The number of Niobe's children	143
PRONOUNCING VOCABULARY OF GREEK AND LATIN PROPER NAMES		144

FULL-PAGE ILLUSTRATIONS.

PERSEUS AND THE HEAD OF MEDUSA	25
HERCULES	32
ROMAN IN TOGA PRAETEXTA	64
THE ACROPOLIS OF ATHENS	106

EASY LATIN FOR SIGHT READING.

INTRODUCTION.

I. What is Sight Reading?

By sight reading is meant the ability to read and understand Latin in the order in which it stands, without formal translation and without slavish dependence upon grammar and dictionary. If a translation be required, it should come as a subsequent exercise in English after the thought of the Latin is already clear. Sight reading does not mean inexact and rapid skimming over of a Latin text. In acquiring the power to read at sight, we proceed at first *slowly*, afterwards with greater speed, to an exact and accurate comprehension of the language.

II. What are the Difficulties?

The difficulties are not so great as is usually supposed. Constant practice and persistent effort along right methods together with a thorough knowledge of the essentials of Latin grammar are all that is required. The three chief obstacles that hinder the student's progress through a Latin sentence are his deficient vocabulary, his unfamiliarity with the constructions, and the unusual order of the words and clauses.

III. Consideration of the Difficulties:

A. VOCABULARY.

The vocabulary actually necessary for reading ordinary Latin is not discouragingly large. A certain amount is, however, indispensable. To build up a good vocabulary words should be memorized systematically. The following hints may be found helpful :

a. Learn as soon as possible the meanings of the prepositions, conjunctions, pronominal adverbs, and numerals. These recur very frequently and can neither be guessed nor omitted.

b. Learn the force of the principal prefixes and suffixes, and the most important rules for word formation (H. pp. 152–178; A. pp. 140–162). Master all that is essential, omitting exceptions and minor points.

c. Memorize new words as you meet them, beginning with the first or root meaning of words in their simplest forms, *e.g.*, learn **dūcō** before you try to remember **condūcō**. Knowing the root meaning and the force of prefix or suffix, you will be easily led, without using a dictionary, to the meanings of derivatives and compounds.

d. In inferring the meaning of a prepositional compound, try the root meaning before you try to add the force of the preposition. Many prepositional compounds fail to show the force of the preposition in translation, *e.g.*, **adiuvō** differs but little from **iuvō,** and **indigeō** from **egeō.** Often the particular force of a compound is made clear by the context.

e. English derivatives, if used in the proper way, may afford valuable aid in inferring meanings. A derivative is, however, always open to suspicion, and should not be trusted in most cases beyond a mere suggestion. In the case of a new verb, the perfect participle will often suggest some English derivative that will give the help desired, *e.g.*, **subtractus** through English *subtract* may suggest the proper translation for **subtrahō**.

f. Have a try at every word before you consult the dictionary; but when you are compelled to do this, look up the word in question so thoroughly that you will not need to do so again. Students waste an incalculable amount of time in looking up the same word a score of times.

B. SYNTAX.

Happily the days are past when students were made to swallow Latin grammar *in toto* before being allowed to use any of it in practice. The victims of formal culture so called have been many. The new teaching of Latin differs radically from the old in that it seeks to apply grammatical knowledge as fast as it is acquired and that it excludes all non-essentials. In the study of syntax practical utility is the aim of instruction. It should be learned as it is needed. Much that the grammar contains is never needed by students in secondary schools. Many greatly overestimate the amount of syntax that is indispensable to correct and facile interpretation, and in trying to learn too much fail to learn the little well. *The essential little must be as well known as the English alphabet.*

By practice, great facility can be acquired in recognizing and even anticipating constructions. Many of them are preceded or accompanied by invariable signs that are soon learned, if attention be called to them. Alertness of mind and a little common sense, assisted by the context, often lead one to the correct interpretation without any special thought of the construction. To know the name of a construction is no help in itself to the correct interpretation. The more we read and the more easily we do so, the less we consider constructions as such, though, of course, we of necessity give the proper force to each case and mood in interpreting the thought. Construing is, therefore, not an end in itself, but should be merely the means to the end, namely, the interpretation of the Latin. When overdone and perfunctory, as it often is, it retards rather than assists a pupil's progress in reading Latin. Some special hints on construction are given later on under a separate heading.

C. Order of Words.

The difficulty that appears most formidable to beginners is the strangeness of the Latin order. Perfect familiarity with the Roman ways of constructing sentences is, however, an absolute essential to easy reading. The strangeness of the order is often more apparent than real. Examples of the periodic structure and of inverted order are not uncommon in English and are readily understood, *e. g.*, "Whom ye ignorantly worship, him declare I unto you."

> "Up from the meadows rich with corn,
> Clear in the cool September morn,
> The clustered towers of Frederick stand."

One reason, and perhaps the principal one, why we find sentences such as these so difficult in Latin is that we try to get the Latin thought in fragments by reading and translating bits of the sentence at a time, instead of reading it all straight through and thus getting the complete thought in one effort of the mind as we do in English.

A peculiarity of Latin style that is often conspicuous, and one that is of great assistance in interpretation, is that the thoughts generally move by antitheses. These contrasts are carefully marked by the order of the words and by particles. By noticing these, you can anticipate the course of the thought.

The following brief summary of important points on order and style may be found helpful:

a. To read a language the words must be taken exactly as they come.

b. Read a sentence straight through before you try to translate any of it. As you read, carry along in thought the meanings of the words, whether vague or definite to your mind, and their probable office, so far as the progress of the sentence enables you to do so. Keep the mind expectant until the close of the sentence settles all doubtful points. Try to grasp the meaning of the sentence as a whole. If you do not succeed the first time, read it again and again until you think you get the thought.

c. Latin aims to keep the same subject throughout a complex sentence. When the subject is changed, that fact is usually made plain by inserting it or a pronoun referring to it.

d. The first word in a sentence is always conspicuous in interest and importance. Very often it is a noun, pronoun, or phrase referring to the preceding sentence or to some part of it :

Id cum frūstrā saepe fēcisset, etc. Here *id* refers to what has been described in the foregoing sentence.

e. The most important word or combination of words is often taken out from a subordinate introductory sentence and placed at the very beginning before the connective introducing that sentence. This order is especially common with cum clauses of time and cause. The word or phrase thus made emphatic is often such as has been described in *d* above :

Latīnus dum ad Tiberim dēscendit, sacerdōs bovem immolāvit.

In quem postquam omnium ōra conversa sunt, ad ūnum omnēs Scīpiōnem in Hispāniā prōcōnsulem esse iussērunt.

Quae rēs cum iuvenī Pompēiō cēnantī nūntiāta esset, etc.

f. When a word serves as the common subject or object of both a principal and subordinate clause, it stands before them both. The same is true, if the same word is subject of the principal clause and object (direct or indirect) of the subordinate clause. Likewise if the subject of the subordinate clause is the object (direct or indirect) of the principal clause. (Cf. Menge's Repetitorium, 543.)

Ancus, priusquam eīs bellum indīceret, lēgātum mīsit, *Ancus, before he declared war against them, sent an ambassador.*

> ***Masinissam*** **quī ēgregiē rem Rōmānam adiūverat aureā corōnā dōnāvit,** *Masinissa, who had conspicuously assisted the Roman expedition, he gave a golden crown.*

g. Latin makes use of many words, commonly pronouns and pronominal adverbs, to point forward to a following explanatory sentence. We are thus led to anticipate and prepare ourselves for what is to come. Watch for these signs and make the most of them. They are very helpful.

> **Forte *ita* incidit ut eō ipsō tempore Hasdrubal ad eundem portum appelleret,** *perchance it so happened that at that very time Hasdrubal landed at the same harbor.*
>
> ***Tam*** **longē aberam ut eum nōn vidērem,** *I was so far away that I did not see him.*

Here *ita* and *tam* point forward to the following **ut** clauses.

h. A modifying clause or phrase is usually put before the thing modified, hence a clause of characteristic sometimes precedes the thing characterized:

> ***Unde agger comportārī posset*,** **nihil erat reliquum,** *there was nothing left from which a mound could be constructed.*

i. Words strongly contrasted are often put next to each other. When the subject and object are thus placed, it is sometimes difficult to distinguish them until we come to the verb. With a verb taking two accusatives, the subject often stands between them:

> **Mē Albānī ducem creāvērunt,** *the Albans elected me general.*

j. **Quidem** always marks an antithesis, expressed or understood. Do not always translate it by *indeed*, which often means nothing at all. It is often untranslatable, though its influence is always felt :

> Bellum *quidem* nūllum gessit, sed nōn minus cīvitātī prōfuit quam Rōmulus, *he waged no war, to be sure, but he was of no less service to the state than Romulus.*

k. The antecedent of a relative pronoun often follows it, and often it is not expressed at all :

> Cum in īnsidiās vēnissent quī *locus* Furculae Caudīnae vocābātur, etc., *when they had come to the ambush, a place which was called the Caudine Forks.*
> Pompēius enim, quod anteā contigerat nēminī, *prīmum ex Āfricā, iterum ex Eurōpā, tertiō ex Asiā triumphāvit, for Pompey triumphed first over Africa, second over Europe, and third over Asia, (a thing) which had happened to no one before.*
> Mīsit (sc. *eōs*) quī sibi cōnsulātum dēposcerent, *he sent (men) to demand the consulship for himself.*

l. Adjectives that precede nouns are emphatic, unless they are numeral adjectives or adjectives expressing quantity.

m. An adverb modifies a verb, adjective, or other adverb, and regularly precedes the word it modifies.

n. **Cum** often stands between an adjective and noun.

IV. Notes on Individual Words and Constructions.

1. Latin expresses loosely by means of participles all sorts of relations that are expressed in English by subordinate clauses. The particular relation must be determined by the context.

2. Expect to find many more cases of apposition than in English. An appositive often takes the place of:

  a. A temporal clause.

    Cicerō puer Arpīnī vīxit, *Cicero, when he was a boy, lived at Arpinum.*

  b. A concessive clause.

    Labiēnō lēgātō mīlitēs nōn pārent, *the soldiers do not obey Labienus, although he is lieutenant.*

  c. A relative clause.

    Externus timor, māximum concordiae vinculum, etc., *fear without, which is the strongest bond of union.*

3. Clauses capable of being used as the subject or the object of a verb are:

    I. Infinitive Clauses, or Indicative Clauses with **quod** in statements of fact.
    II. Indirect Questions.
    III. Purpose Clauses.
    IV. Result Clauses.

4. **Cum** is either a preposition or a conjunction. The following word will usually determine its character. If that be a noun in the ablative case, **cum** is a preposition.

Sometimes, however, a modifying genitive stands between **cum** and its object. If **cum** be a conjunction, it may be a mere connective, correlative with a following **tum,** or it may introduce a subordinate clause and mean *since, although,* or *when.* If it introduces a subordinate clause and means *since* or *although,* it is followed by the subjunctive. If it means *when,* the following mood will be indicative, in case the tense be present or future; if the tense be past, the mood will probably be subjunctive.

5. **Dum, dōnec,** and **quoad,** in the sense of *while* or *as long as,* take the indicative mood. In the sense of *until,* when expressing *purpose, doubt,* or *futurity,* they take the subjunctive.

6. **Antequam** and **priusquam,** when referring to an anticipated or intended act which may or may not occur, take the subjunctive. When they refer to the actual occurrence of an event as a point beyond or back of which the main event took place, they take the indicative:

> **Priusquam dīmicārent, mīlitēs hortātus est,** *he harangued the soldiers before they fought.*
> **Haec nōn intellēxit antequam Genāvam pervēnit,** *he did not perceive this before he arrived at Geneva.*

7. **Quīn** has the following principal uses:

Quīn.
- I. Principal clauses, with the indicative.
  - a. Interrogative, *why not?*
  - b. Corroborative, *indeed, nay, verily,* etc.
- II. Subordinate clauses, with the subjunctive.
  - Used after negative sentences to express result.

INTRODUCTION.

8. **Ut** has the following principal uses:

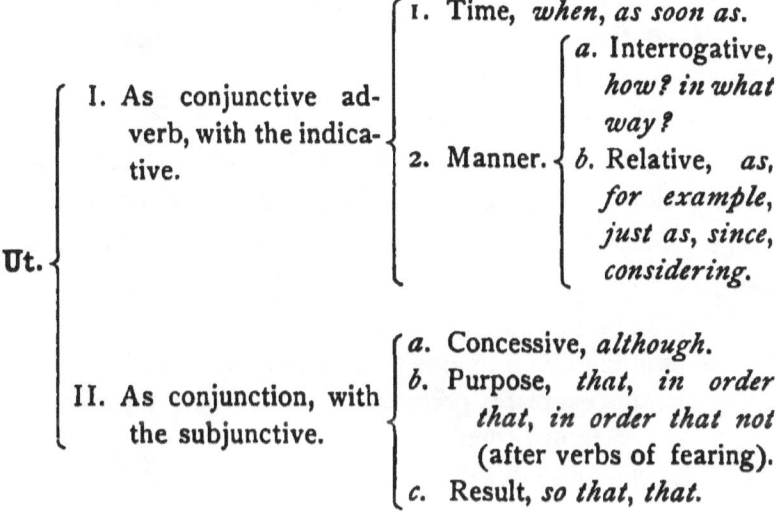

As a relative adverb **ut** is often followed by a noun in apposition, or by an adjective.

9. **Et** has three uses: (1) as connecting two words or expressions, *and;* (2) as the first of two **et's**, *both . . . and;* (3) as bearing upon a single word, *also, too, even.*

10. **Adeō** in its commonest use means *to such a degree*, and is followed by an **ut** clause of result.

11. **Dubitō**, in the sense of *doubt*, and **dubium** preceded by a negative, are usually followed by **quīn** and the subjunctive. In the sense of *hesitate* **dubitō** is regularly followed by the infinitive.

12. A pluperfect subjunctive is equal to a future perfect indicative from a past point of view.

13. Keep in mind:

a. That the gerund is a verbal noun, and may therefore stand either alone or with an object.

b. That the gerundive is a participle used adjectively, agreeing with a substantive in gender, number, and case.

c. That the gerundive with its substantive may be used for any gerund with a substantive.

d. That the gerund with a direct object is commonly used only in the genitive and in the ablative without a preposition. In other cases the gerundive is preferred.

14. Distinguish between **plūs, amplius, potius,** and **magis.**

> **plūs** refers to quantity.
> **amplius** refers to extent of time or space.
> **potius** expresses preference, and excludes the second of two things compared.
> **magis** expresses degree.

15. Predicate adjectives may be followed by the dative, by the objective genitive, or by the ablative of specification to complete their meaning:

> **Hōc hostī optimum erat,** *this was best for the enemy.*
> **Avidus laudis erat,** *he was eager for praise.*
> **Claudus alterō pede est,** *he is lame in one foot.*

16. THE CASES.

1. *The Nominative.*

An introductory noun in the nominative case is the subject of a verb either main or subordinate.

2. *The Genitive.*

a. In general the genitive of a noun may be possessive, subjective, objective, partitive, or in apposition with some other genitive. If modified by an adjective, it may be descriptive genitive.

b. The genitive of a pronoun will be either possessive, subjective, objective, partitive, or belong to some noun as an adjective.

c. The genitive of an adjective expressing size or quantity may agree with a noun or may express the value of something.

d. The Latin genitive is used to express that to which the action of a noun or an adjective is done (objective), as well as that from which it springs (subjective).

e. Nouns expressing activity of the mind or heart are usually followed by:

(1) The objective genitive of a noun.

(2) The objective genitive of a gerund or of a gerundive agreeing with a noun.

3. *The Dative.*

a. The dative of any word may designate the person or thing indirectly concerned in an act or state expressed by a noun, adjective, verb, or a group of words.

b. The dative of the name of a person, or of a word referring to a person, may have the general sense of the dative case, or may designate the apparent agent or the possessor.

c. Words denoting persons deprived of a thing are often put in the dative, the Latin regarding the act as done *to* the persons.

d. If a form that may be either dative or ablative be the name of a person or refer to a person, it is more likely to be a dative than an ablative, since personal relations are denoted more frequently by the former than by the latter.

4. *The Accusative.*

a. The name of a town or **domus** or **rūs**, in the accusative without a preposition, probably designates the object to which motion is directed.

b. The name of a person, or a word referring to persons, in the accusative case without a preposition, must be either the object of a verb, the subject or predicate of an infinitive, or in apposition with one of these.

c. As accusatives of specification are found most commonly: the relative **quod**; the interrogative **quid**; **hŏc** and **id** with **aetātis** or **temporis**; **partem, vicem,** and **genus** with **omne** or a pronoun.

d. Accusatives of time and space are naturally limited to such nouns as can convey such ideas, *e.g.*, **pedēs, mēnsēs,** etc.

e. Cognate accusatives are possible only for nouns that repeat in substantive form the meaning of a verb, *e.g.*, **vīta, somnium,** etc.; and for neuter pronouns and adjectives.

5. *The Ablative.*

a. The ablative case includes three ideas from which all its constructions flow, *viz.:* the starting point (the true ablative, *from*), the means (the instrumental, *by*), and the place (the locative, *in*).

b. Nearly all ablatives can be absolute, or can depend on a comparative or on a special word like **dignus** or **ūtor**. The meaning of the word is a great help in suggesting the correct construction.

c. The ablative without a preposition, referring to a person, must be ablative absolute, ablative dependent on a comparative or some special word like **dīgnus** or **ūtor**, or ablative of source with some word like **genitus, ortus,** or **nātus.**

d. The ablative of a word referring to time naturally expresses the time when.

MODELS FOR WRITTEN LESSONS.

To the Teacher.

The following exercises are intended to fix more firmly in mind the preceding principles of order and syntax. They should be used at convenient intervals and without previous announcement or preparation. The passage for translation should be written on the board, and each question should be answered as it occurs before the pupil goes farther. Do not write more of the sentence than precedes the respective questions until they are answered. Teachers may find it profitable to prepare additional exercises on the models here presented.

I.

Virginēs Sabīnōrum rapiuntur.

Multī[1] convēnēre[2] studiō[3] videndae[4] novae urbis, māximē Sabīnī cum[5] līberīs et[6] coniugibus. Ubi spectāculī tempus vēnit eōque[7] conversae mentēs cum oculīs erant, tum sīgnō[8] datō[9] iuvenēs Rōmānī discurrunt[10], virginēs rapiunt[11].

1. What may be said of the first word in a sentence?
2. What tense? Give the other form.
3. What are the possible cases and constructions? What constructions may follow **studiō**? (See IV, 16, 2, *e*.)
4. Is this a gerund or a gerundive?
5. What are the possible uses and meanings of **cum**?
6. What are the uses of **et**?
7. **eōque** = **et in eum locum**.
8. Possible cases and constructions?
9. Construction? What relations may be expressed by participles?
10. What is the force of the prefix **dis-**?
11. Translate.

II.

Dē virtūte Rēgulī.

Prīmō bellō Pūnicō[1] Rēgulus, dux Rōmānus captus ā[2] Poenīs, dē captīvīs commūtandīs[3] Rōmam missus est. Is, cum Carthāgine[4] abīret, iūrāvit[5] sē eō[6] reditūrum nisi suī cīvēs condiciōnēs fēcissent[7]. At ille in senātū captīvōs[8] nōn esse commūtandōs dēclārāvit: deinde, cum propinquī[9] et amīcī retinēre cōnārentur, ex urbe dēcessit, quia ad supplicium redīre māluit quam fidem hostī datam fallere[10].[11]

1. What is the probable construction of this phrase?
2. What constructions follow **ā** or **ab**?
3. **commūtō**, cf. English *commute* = *exchange*.
4. Probable construction?
5. What kind of a clause may now be expected?
6. **eō** = **in eum locum**.
7. What is the force of this tense? (See IV, 12.)

INTRODUCTION. 17

8. What are the possible constructions? (See IV, 16, 4, *b.*)
9. propinquī = cōgnātī, sanguine coniūnctī.
10. fallere = violāre.
11. Translate.

III.

Crūdēlitāte virgō spōnsum suum āmittit.

Gallī, quī audāciam māximī[1] aestimābant[2], ferārum certāminibus[3] multum dēlectābantur. Aliquandō rēx cum māgnā catervā[4] nōbilium mulierumque clārārum lūdōs[5] sollemnēs aspiciēbat. Quaedam ex hīs, quae spōnsī[6] fortitūdinem temptāre voluit, aureum torquem[7] dēiēcit in[8] mediam harēnam, quā leō ingēns cum duōbus tigribus certāmen ācerrimum agēbat. "Tū quidem[9]," inquit, "sī quid in tē resideat amōris ergā mē, torquem mihi[10] ē ferīs ēripe." Statim iuvenis hīs verbīs accēnsus in harēnam sē praecipitāvit; saltū[11] alacrī torquem rapuit; tūtus cum praemiō rediit. Tum ille, dum[12] omnēs factum plaudunt, cum rīsū ad pedēs virginis crūdēlis torquem prōiēcit. "Tū quidem," inquit, "meam vītam minimī[13] habuistī; ego tuum amōrem[14]."[15]

1. What are the possible cases and constructions?
2. What does this word show as to the construction of **māximī**? (See IV, 16, 2, *c.*)
3. Possible constructions?
4. catervā = multitūdine.
5. Probable construction?
6. Translate *of her lover*.
7. Translate *necklace*.
8. What case will follow?

9. What is the force of this word? (See III, C, *j.*)
10. What kind of a dative may this be? (See IV, 16, 3, *b.*)
11. **saltū**, *with a leap.*
12. What are the meanings of this word, and what constructions may follow it?
13. Compare **māximī** above.
14. Sc. **minimī habeō**. **habeō** in this idiom equals **aestimō** in sense.
15. Translate the whole.

IV.

Hannibalis ducis astūtia.

Hannibal, dux[1] classis Pūnicae, ē nāvī quae iam capiēbātur, in scapham[2] saltū sē dēmittēns[3] Rōmānōrum manūs effūgit. Veritus[4] autem nē in patriā classis[5] āmissae poenās daret, cīvium odium astūtiā āvertit ; nam ex illā infēlīcī pūgnā, priusquam[6] clādis nūntius domum[7]——[8], quendam ex amīcīs Carthāginem mīsit. Quī postquam[9] cūriam intrāvit, "Cōnsulit," inquit, "vōs[10] Hannibal, cum dux Rōmānōrum māgnīs cōpiīs maritimīs īnstrūctīs advēnerit, num[11] cum eō cōnflīgere dēbeat." Acclāmāvit ūniversus senātus nōn esse dubium[12] quīn[13] cōnflīgī oportēret[14]. Tum ille "Cōnflīxit," inquit, "et superātus est." Ita nōn potuērunt factum[15] damnāre quod ipsī fierī dēbuisse iūdicāverant.[16]

1. What force may the appositive have? (See IV, 2.)
2. Will the verb in this sentence be one denoting rest or motion?
3. What is the force of the prefix **dē-**?
4. What construction will follow?

5. What variety of genitive may this word be?
6. What moods follow this word?
7. What construction?
8. Supply a suitable verb in the proper mood and tense.
9. Account for the position of **quī**. (See III, C, *d*, and *f.*)
10. **cōnsulit vōs** = *asks your advice.*
11. **num** = *whether.* What construction will follow? Name the different kinds of substantive clauses. (See IV, 3.)
12. What construction will follow? (See IV, 11.)
13. Name the meanings and uses of **quīn**. (See IV, 7.)
14. **cōnflīgī oportēret** = **pūgnandum esset.**
15. What part of speech?
16. Translate.

V.

Mors Servī Tullī, Rōmānōrum rēgis sextī.

Quā rē audītā[1] Servius[2] dum[3] ad[4] cūriam contendit, iūssū[5] Tarquinī per gradūs dēiectus[6] et domum[7] refugiēns interfectus est. Tullia[8] carpentō[9] vēcta in[10] Forum properāvit et coniugem[11] ē[12] cūriā ēvocātum[13] prīma rēgem ——[14]; cūius iūssū cum[15] ē turbā āc tumultū dēcessisset[16] domumque redīret, vīsō patris corpore[17] mūliōnem[18] cunctantem et frēna inhibentem super ipsum corpus[19] carpentum agere ——[20]. Unde[21] vīcus[22] ille scelerātus dictus est. Servius Tullius rēgnāvit annōs[23] quattuor et quadrāgintā[24].

1. Why is this phrase placed first? (See III, C, *d.*)
2. What is the construction of **Servius**?
3. Meanings and following constructions?
4. What are the meanings of **ad**, and what kind of a verb will the sentence contain?

5. Construction?
6. **per gradūs dēiectus** = *was thrown down the steps.*
7. Case and probable construction? (See IV, 16, 4, *a*.)
8. **Tullia fīlia rēgis erat.**
9. Translate *carriage*, abl. of means.
10. What cases follow **in**, and what are its most usual meanings?
11. Case and probable construction?
12. What case will follow?
13. What is the force of the prefix **ē-**?
14. What verb can you suggest to govern **rēgem** and **coniugem** and complete the sentence?
15. To whom does **cūius iūssū** refer, and why does it precede **cum**? (See III, C, *e*.)
16. Construction?
17. Construction?
18. Translate *the driver*.
19. Translate *right over the very body*.
20. Supply a suitable verb.
21. **unde** = **quā ex causā.**
22. **vīcus** = **pars urbis.**
23. Probable construction?
24. Translate.

COMMON LATIN IDIOMS.

The following idioms occur so frequently that it will be of much subsequent advantage and a great saving of time for the student to memorize them thoroughly early in his course.

ad ūnum, *to a man.*
aequō animō, *contentedly, resignedly, patiently.*
aere aliēnō premī, *to be heavily in debt.*

INTRODUCTION. 21

agere grātiās, *to thank.*
alius aliam in partem, *one in one direction, another in another.*
amīcō aliquō ūtī, *to be on terms of intimacy with some one.*
animō tenus commovērī, *to be moved to the heart.*
annum quartum agēns, *in his fourth year.*
annōs quattuor nātus, *at the age of four.*
ante annōs, *before the legal age.*
apud rēgem, *at the court of the king.*

bellum īnferre, *to make war upon.*
bene habet, *it is well.*
bonō animō esse, *to be well disposed.*
bonum animum habēre, *to be of good courage.*

capitis damnātus, *convicted of a capital crime, sentenced to death.*
causam dīcere or agere, *to state a case, to plead a case.*
certior fierī, *to be informed.*
certiōrem facere, *to inform.*
cōnsilia inīre, *to make plans.*
cōnsulere alicui, *to look out for the interest of some one.*
cōnsulere aliquem, *to consult some one, to ask advice of some one.*

dare operam, *to see to, give attention to, take pains.*
diem dīcere or ēdīcere, *to appoint a time, name a day.*
dum haec geruntur, *while this was going on.*

eō magis, *all the more.*
extrēmā hieme, *at the end of winter.*
ex rē pūblicā, *to the best interests of the state.*

gerere magistrātum, *to hold an office.*
grātiās agere, *to thank.*
grātiam habēre, *to be grateful.*
grātiam or grātiās referre, *to return a favor.*

grātum facere, *to do a favor.*
īdem quī, *the same as.*
īdem sentīre, *to have the same opinion.*
in diēs, *every day, daily.*
in dubium vocārī, *to be called in question.*
in fugam dare, *to put to flight.*
in grātiam redīre, *to be reconciled.*
in mātrimōnium dūcere, *to marry.*
in perpetuum, *forever.*
inter cēnam, *at table.*
iūs dīcere, *to pronounce judgment.*
longum est, *it would take long, it would be tedious.*

mandāre litterīs, *to commit to writing.*
memoriā tenēre, *to remember.*
molestē ferre, *to take it ill, to be grieved.*
multum valēre, *to be very influential.*

nāvem cōnscendere, *to embark.*
novae rēs, *a revolution.*
novus homō, *an upstart, a parvenu, a self-made man.*

ōrātiōnem habēre, *to make a speech.*
operam dare, *to see to, to take pains.*
opus est, *it is necessary.*

placuit senātuī, *the senate decided.*
plūrimum posse, *to be most powerful, to be most influential.*
prae sē ferēns, *showing, exhibiting.*
praeclārē sē habēre, *to be admirable.*
prō amīcō habēre, *to regard as a friend.*
prō cōntiōne, *before the assembly,* or *in an address.*

quae cum ita sint, *since this is true, under these circumstances, this being the case.*
quam prīmum, *as soon as possible.*

ratiōnem reddere, *to render an account, to give an explanation.*
rēs gestae, *exploits, deeds.*
salūtem dīcere, *to salute, to greet.*
satis cōnstat, *it is well established.*
sē cōnferre, *betake oneself, go.*
sē gerere, *conduct oneself, act.*
sententia stat, *it is resolved, they resolve.*
stīpendium merēre, *to perform military service.*
terga vertere, *to retreat.*
ūnus atque alter, *one or two.*
veniam dare, *to pardon.*
ventum est, *he* or *she came, he* or *she has come, they came, they have come.*
vereor nē, *I fear that.*
vereor ut, *I fear that not.*
vītam agere, *to live.*

ABBREVIATIONS.

acc., accusative.
act., active.
abl., ablative.
adj., adjective.
adv., adverb.
ant., antonym, a word of opposite meaning.
cf., *cónfer*, compare.
dat., dative.
e.g., *exempli gratia*, for instance.
Eng., English.
gen., genitive.
i.e., *id est*, that is.

ind. disc., indirect discourse.
lit., literally.
n., number or note.
nom., nominative.
obj., object.
or., simplified order.
par., paraphrase.
pred., predicate.
sc., *scilicet*, supply.
subj., subjunctive, or subject.
syn., synonym.
v., *vide*, see.
voc., vocative.

N. B. A superior figure placed after a word refers to that word alone.

A superior figure placed before a word refers to two or more of the following words.

PERSEUS AND THE HEAD OF MEDUSA.

FABULAE FACILES.

I.

PERSEUS.

Acrisius, an ancient king of Argos, had been warned by an oracle that he would perish by the hand of his grandson. On discovering, therefore, that his daughter Danae had given birth to a son, Acrisius endeavored to escape his fate by casting both mother and child adrift on the sea. They were saved, however, by the help of Jupiter; and Perseus, the child, grew up at the court of Polydectes, king of Serīphos, an island in the Aegean Sea. On reaching manhood, Perseus was sent by Polydectes to fetch the head of Medūsa, one of the Gorgons. This dangerous task he accomplished with the help of Apollo and Minerva, and on his way home he rescued Andromeda (daughter of Cepheus) from a sea monster. Perseus then married Andromeda, aud lived some time in the country of Cepheus. At length, however, he returned to Serīphos, and turned Polydectes to stone by showing him the Gorgon's head; he then went to the court of Acrisius, who fled in terror at the news of his grandson's return. The oracle was duly fulfilled, for Acrisius was accidentally killed by a quoit thrown by Perseus.

1. Perseus īnfāns cum mātre in ārcā inclūsus est.

Haec nārrantur ā poētis dē Perseō. Perseus filius erat Iovis, māximī deōrum : avus ēius Ācrisius appellātus est. Ācrisius volēbat Perseum nepōtem suum necāre[1]; nam propter ōrāculum puerum timēbat. Comprehendit[2] igitur 5 Perseum, adhūc īnfantem, et cum mātre [3]in ārcā līgneā inclūsit. Tum ārcam ipsam in mare cōniēcit. Danaē,

1. *occīdere, interficere.* 2. *cēpit, corripuit.*
3. *in a wooden box.*

Perseī māter, māgnopere[1] territa est : tempestās enim māgna mare turbābat. Perseus autem in sinū[2] mātris dormiēbat[3].

1. *valdē, vehementer.*   2. *gremiō.*   3. *somnum capiēbat.*

2. Ārcā ad īnsulam Serīphum appulsā, Perseus māterque ā rēge benīgnē exceptī sunt.

Iūppiter tamen haec omnia vīdit et fīlium suum servāre cōnstituit. Fēcit igitur mare tranquillum, et ārcam ad īnsulam Serīphum perdūxit. Hūius īnsulae Polydectēs tum rēx erat. Postquam ārca ad lītus[1] appulsa est, Danaē [2]in harēnā quiētem capiēbat. Post breve tempus ā piscātōre[3] quōdam reperta est[4], et ad domum rēgis Polydectis adducta est. Ille mātrem et puerum benīgnē excēpit, et sēdem[5] tūtam in fīnibus suīs dedit. At Danaē hōc dōnum libenter accēpit, et prō tantō beneficiō rēgī [6]grātiās ēgit.

1. *lītus est terra adiacēns marī.*   4. *inventa est, dēprehēnsa est.*
2. Par. *in lītore dormiēbat.*   5. *domum.*
3. *fisherman.*   6. See idioms.

3. Rēx dīmīsit Perseum.

Perseus igitur[1] multōs annōs ibi habitābat, et cum mātre suā [2]vītam agēbat beātam[3]. At Polydectēs Danaēn māgnopere amābat, atque eam [4]in mātrimōnium dūcere volēbat. Hōc tamen cōnsilium Perseō minimē grātum[5] erat.

1. *itaque.*   3. *fēlīcem, laetam.*
2. See idioms.   4. See idioms.
5. *acceptum, iūcundum, placitum.*

Polydectēs igitur Perseum dīmittere cōnstituit. Tum
iuvenem ad sē vocāvit et haec¹ dīxit: "Turpe² est vītam
hanc īgnāvam³ agere; ⁴iamdūdum tū adulēscēns es.
Quousque⁵ hīc manēbis? Tempus est arma capere et
virtūtem praestāre⁶. Hinc abī et caput Medūsae mihi 5
refer."

1. as follows.
2. Ant. *honestum, pulchrum, decōri m.*
3. *remissam, lentam.* Ant. *strēnuam, fortem.*
4. You have already for some time been a man.
5. *ad quod tempus.*
6. *ostendere, exhibēre, probāre.*

4. Perseus profectus tandem Medūsam invēnit.

Perseus, ubi (where) haec audīvit, ex īnsulā discessit, et postquam ad continentem vēnit, Medūsam quaesīvit. Diū
frūstrā quaerēbat; namque nātūram locī īgnōrābat. Tan- 10
dem Apollō et Minerva viam' dēmōnstrāvērunt. Prīmum
ad Grāiās, sorōrēs Medūsae, pervēnit. Ab hīs ¹tālāria et
galeam magicam accēpit. Apollō autem et Minerva ²fal-
cem et speculum dedērunt. Tum postquam tālāria pedibus induit³, in āëra⁴ ascendit. Diū per āëra volābat: 15
tandem tamen ad eum locum vēnit ubi Medūsa cum
cēterīs⁵ Gorgonibus habitābat. Gorgones autem mōn-
stra erant speciē⁶ horribilī: capita enim eārum squāmīs⁷
omnīnō contēcta⁸ sunt: manūs etiam ex aere⁹ factae sunt.

1. sandals and a magic helmet.
2. a curved dagger and a mirror.
3. indūxit, sūmpsit.
4. acc. case of *āēr*, cf. Eng. *air*.
5. reliquīs, aliīs.
6. aspectū.
7. scales.
8. tēcta, operta, vestīta.
9. abl. of *aes* = brass.

5. Caput Gorgonis.

Rēs erat difficillima abscīdere caput Gorgonis; ēius enim cōnspectū hominēs in saxum¹ vertēbantur. Propter hanc causam Minerva speculum eī dederat. Perseus igi-
5 tur tergum² vertit, et in speculum īnspiciēbat: hōc modō ad locum vēnit ubi Medūsa dormiēbat. Tum falce suā caput ēius ūnō īctū abscīdit. Cēterae Gorgones statim ē somnō excitātae sunt, et, ubi rem vīdērunt, īrā commōtae sunt. Arma rapuērunt, et Perseum occīdere³ volēbant;
10 ille autem, dum fugit, galeam magicam induit, et, ubi hōc fēcit, statim ē cōnspectū eārum ēvāsit⁴.

1. *lapidem.*
2. Ant. *faciem, voltum.*
3. *interficere.*
4. *exiit, aufūgit, ēvolāvit.*

6. Perseus in fīnēs Aethiopum vēnit.

Post haec Perseus in fīnēs Aethiopum vēnit: ibi Cēpheus quīdam illō tempore rēgnābat. Hīc Neptūnum,
15 maris deum, ōlim¹ offenderat: Neptūnus autem mōnstrum saevissimum² mīserat. Hōc cottīdiē ē marī veniēbat et hominēs dēvorābat. Ob hanc causam pavor³ animōs omnium occupāverat. Cēpheus igitur ōrāculum deī Ammōnis cōnsuluit atque ā deō iūssus est fīliam mōn-
20 strō trādere. (Ēius autem fīlia, nōmine Andromeda, virgō fōrmōsissima⁴ erat.) Cēpheus, ubi haec audīvit, māgnum dolōrem⁵ percēpit. Volēbat tamen cīvēs suōs ē tantō perīculō extrahere; atque ob eam causam cōnstituit imperāta⁶ Ammōnis facere.

1. *aliquandō, quondam.*
2. *crūdēlissimum, immānissimum.*
3. *timor.*
4. *pulcherrima.*
5. *maerōrem, lūctum.*
6. *iūssa.*

7. Mōnstrum et Andromeda.

Tum rēx [1]diem certam dīxit et omnia parāvit. Ubi ea diēs vēnit, Andromeda ad lītus dēducta est et in cōnspectū omnium ad rūpem adligāta[2] (est). Omnēs fātum ēius dēplōrābant nec lacrimās tenēbant. At subitō, dum mōnstrum exspectant, Perseus accurrit; et, ubi lacrimās vīdit, causam dolōris quaerit. Illī rem tōtam expōnunt[3] et puellam dēmōnstrant. [4]Dum haec geruntur, fremitus[5] terribilis audītur; simul mōnstrum horribilī speciē procul cōnspicitur[6]. Eius cōnspectus timōrem māximum omnibus iniēcit[7]. At mōnstrum māgnā celeritāte ad lītus contendit[8], iamque ad locum appropinquābat[9] ubi puella stābat.

1. See idioms.
2. *vincta, cōnstricta.*
3. *nārrant.*
4. See idioms.
5. *strepitus, sonitus.*
6. *vidētur.*
7. *immīsit.*
8. *mātūrāvit, properāvit.*
9. *accēdēbat.*

8. Servat Andromedam Perseus.

At Perseus, ubi haec vīdit, gladium[1] suum rapuit[2]; et, postquam tālāria induit, in āëra sublātus est[3]. Tum dēsuper[4] in mōnstrum impetum subitō[5] fēcit, et gladiō suō collum ēius graviter volnerāvit. Mōnstrum, ubi sēnsit volnus, fremitum horribilem ēdidit[6] et sine morā tōtum corpus sub aquam immersit. Perseus, dum circum lītus volat, reditum ēius exspectābat; mare autem intereā[7]

1. *ferrum, ēnsem.*
2. *cēpit.*
3. From *tollō*; *sē ērēxit, surrēxit.*
4. *ē locō superiōre.*
5. *repente, celeriter.*
6. *ēmīsit.*
7. *interim.*

undique[1] sanguine inficitur[2]. Post breve tempus, bēlua rūrsus[4] caput sustulit[5]; mox[6] tamen ā Perseō īctū graviōre volnerāta est. Tum iterum sē sub [7]undās mersit neque posteā vīsa est.

1. *ex omnī parte.*
2. *tingitur, imbuitur.*
3. *mōnstrum.*
4. *iterum.*
5. From *tollō*, syn. *ērēxit.*
6. *post breve tempus, sine morā.*
7. *aquās.*

9. Rēx Perseō Andromedam in mātrimōnium dedit.

Perseus, postquam in lītus dēscendit, prīmum tālāria exuit[1]; tum ad rūpem vēnit ubi Andromeda vincta[2] erat. Ea autem omnem spem salūtis dēposuerat[3], et, ubi Perseus adiit, terrōre paene exanimāta[4] est. Ille vincula statim[5] solvit, et puellam patrī reddidit. Cēpheus ob hanc rem māximō gaudiō affectus est: meritās [6]grātiās prō tantō beneficiō Perseō rettulit; praetereā Andromedam ipsam eī in mātrimōnium dedit. Ille libenter[7] hōc dōnum accēpit, et puellam uxōrem dūxit. Paucōs annōs cum uxōre suā in eā regiōne habitābat, et in māgnō honōre erat apud omnēs Aethiopes. Māgnopere tamen cupiēbat[8] mātrem suam rūrsus vidēre. Tandem[9] igitur cum uxōre ē rēgnō Cēpheī discessit[10].

1. Ant. *induit.*
2. *adligāta, cōnstricta.*
3. *abiēcerat, dīmīserat.*
4. *mortua.*
5. *cōnfēstim, sine morā.*
6. See idioms.
7. *alacriter.*
8. *volēbat.*
9. *dēnique, ad extrēmum.*
10. *abiit, profectus est.*

10. Polydectēs in saxum versus est.

Postquam Perseus ad insulam nāvem appulit, [1]sē ad locum contulit ubi māter ōlim[2] habitāverat; at domum invēnit vacuam et omnīnō[3] dēsertam. Trēs diēs per tōtam īnsulam mātrem quaerēbat; tandem[4] quartō diē 5 ad templum Diānae pervēnit. Hūc Danaē refūgerat, quod Polydectem timēbat[5]. Perseus, ubi haec cōgnōvit[6], īrā māgnā commōtus est; ad rēgiam Polydectis sine morā contendit, et, ubi eō[7] vēnit, statim in ātrium inrūpit[8]. Polydectēs māgnō timōre[9] affectus est et fugere volēbat. 10 Dum tamen ille fugit, Perseus caput Medūsae mōnstrāvit[10]; ille autem, [11]simul atque hōc vīdit, in saxum versus est.

1. See idioms.
2. cf. p. 28, l. 15.
3. plānē, funditus.
4. dēmum, dēnique.
5. metuēbat.
6. intellēxit, audīvit.
7. in eum locum.
8. invāsit, inruit.
9. pavōre.
10. ostendit.
11. ubi prīmum.

11. Perseus ad urbem Ācrisī rediit, et occīdit avum suum ut fātīs dēcrētum erat. 15

Post haec Perseus cum uxōre[1] suā ad urbem Ācrisī rediit[2]. Ille autem, ubi Perseum vīdit, māgnō terrōre affectus est; nam propter ōrāculum istud nepōtem suum adhūc timēbat. In Thessaliam igitur ad urbem Lārissam statim refūgit: frūstrā tamen; nōn enim fātum suum 20 vītāvit[3]. Post paucōs annōs rēx Lārissae lūdōs māgnōs fēcit; nūntiōs in omnēs partēs dīmīserat, et [4]diem ēdīxe-

1. coniuge. 2. revertit. 3. effūgit. [4] See idioms.

rat. Multī ex omnibus urbibus Graeciae ad lūdōs convēnērunt: ipse Perseus inter aliōs certāmen¹ discōrum² iniit. At, dum discum conicit, avum suum cāsū occīdit; Ācrisius enim inter spectātōrēs ēius certāminis forte stābat.

1. *contentiōnem.* 2. *of the discus* or *quoits.*

II.
HERCULES.

Hercules, a Greek hero celebrated for his great strength, was pursued throughout his life by the hatred of Juno. While yet an infant, he strangled some serpents sent by the goddess to destroy him. During his boyhood and youth he performed various marvelous feats of strength; and, on reaching manhood, succeeded in delivering the Thebans from the oppression of the Minyae. In a fit of madness, sent upon him by Juno, he slew his own children, and, on consulting the Delphic oracle as to how he should cleanse himself from this crime, he was ordered to submit himself for twelve years to Eurystheus, king of Tiryns, and to perform whatever tasks were appointed him. Hercules obeyed the oracle, and during the twelve years of his servitude accomplished twelve extraordinary feats known as the Labors of Hercules. His death was caused, unintentionally, by his wife Deianira. Hercules had shot with his poisoned arrows a Centaur named Nessus, who had insulted Deianira. Nessus, before he died, gave some of his blood to Deianira, and told her it would act as a charm to secure her husband's love. Some time after, Deianira, wishing to try the charm, soaked one of her husband's garments in the blood, not knowing that it was poisoned. Hercules put on the robe, and, after suffering terrible torments, died, or was carried off by his father Jupiter.

12. Herculēs infāns.

Herculēs, Alcmēnae fīlius, ōlim in Graeciā habitābat. Hīc dīcitur omnium hominum validissimus fuisse. At Iūnō, rēgīna deōrum, Alcmēnam ōderat¹ et Herculem

1. Ant. *amābat.*

HERCULES.

adhūc īnfantem necāre[1] voluit. Mīsit igitur duo serpentēs saevissimōs: hī, mediā nocte, in cubiculum[2] Alcmēnae vēnērunt ubi Herculēs cum frātre suō dormiēbat. Nōn tamen in cūnīs[3], sed in scūtō[4] māgnō cubābant[5]. Serpentēs iam appropinquāverant[6] et scūtum movēbant; 5 itaque puerī ē somnō excitātī sunt.

1. cf. p. 25, l. 4.
2. *room.*
3. *cradle.*
4. *shield.*
5. *iacēbant.*
6. *accesserant.*

13. Herculēs et serpentēs.

Īphiclēs, frāter Herculis, māgnā vōce exclāmāvit; at Herculēs ipse, puer fortissimus[1], haudquāquam[2] territus est. Parvīs manibus serpentēs statim prehendit[3], et colla 10 eōrum māgnā vī compressit. Tālī modō serpentēs ā puerō interfectī[4] sunt. Alcmēna autem, māter puerōrum, clāmōrem audīverat, et marītum[5] suum ē somnō excitāverat. Ille lūmen accendit, et gladium suum rapuit[6]; tum ad puerōs properābat[7], sed, ubī ad locum vēnit, rem mīram 15 vīdit: Herculēs enim rīdēbat et serpentēs mortuōs mōnstrābat[8].

1. Ant. *īgnāvissimus.*
2. *minimē omnium, omnīnō nōn.*
3. *cēpit, rapuit.*
4. *necātī.*
5. *coniugem, virum.*
6. *prehendit, cēpit.*
7. *mātūrābat, contendēbat.*
8. *ostendēbat, exhibuit.*

14. Herculēs mūsicam discit.

Herculēs ā puerō corpus suum dīligenter exercēbat: māgnam partem diēī in palaestrā[1] cōnsūmēbat: didicit[2] 20

1. *gymnasium.*
2. Perfect of *discō.*

etiam arcum intendere et tēla conicere[1]. Hīs exercitātiōnibus vīrēs[2] ēius cōnfīrmātae sunt. In mūsicā etiam ā Linō Centaurō ērudiēbātur[3]: (Centaurī autem equī erant, sed caput hominis habēbant); huic tamen artī minus dīligenter studēbat. Hīc Linus Herculem ōlim culpābat[4], quod parum[5] studiōsus erat; tum puer īrātus citharam[6] subitō rapuit, et summīs vīribus caput magistrī īnfēlīcis[7] percussit[8]. Ille īctū prōstrātus est, et [9]paulō post [10]ē vītā excessit, neque quisquam posteā id officium suscipere voluit.

1. *iacere, impellere.*
2. *powers.*
3. *docēbātur, īnfōrmābātur.*
4. *vituperābat.*
5. Ant. *nimis.*
6. *lyram.*
7. *miserī.*
8. *valdē verberāvit.*
9. *soon after.*
10. *mortuus est.*

15. Herculēs vincula et mortem effugit.

Dē Hercule haec etiam inter alia nārrantur. Ōlim, dum iter facit, in fīnēs Aegyptiōrum vēnit; ibi rēx quīdam, nōmine Būsīris, illō tempore rēgnābat; hīc autem, vir crūdēlissimus, hominēs [1]immolāre cōnsuēverat: Herculem igitur corripuit et in vincula coniēcit. Tum nūntiōs dīmīsit et [2]diem sacrificiō ēdīxit. Mox ea diēs appetīvit[3] et omnia rīte[4] parāta sunt. Manūs Herculis catēnīs[5] ferreīs vinctae[6] sunt et [7]mola salsa in caput ēius īnspersa est. (Mōs enim erat apud antīquōs salem et fār[8] capiti-

1. *sacrificāre solēbat.*
2. See idioms.
3. *adfuit.*
4. *bene, rēctē, ex mōre.*
5. *vinculīs.*
6. *adligātae.*
7. *salted meal.*
8. *molam.*

bus victimarum imponere.) Iam victima ad aram[1] stabat;
iam sacerdos cultrum sumpserat[2]. Subito tamen Herculēs
magno conatu vincula perrupit[3]: tum ictu sacerdotem
prostravit; altero[4] regem ipsum occidit.

1. *altāria*.   3. cf. Eng. *rupture*.
2. *cēperat, prehenderat*.   4. abl. of means, sc. *ictū*.

16. Herculēs lēgātīs Minyārum iniūriam facit.

Herculēs, iam adulēscēns, urbem Thēbās incolēbat.
Rēx Thēbārum, vir ignāvus[1], Creōn appellātus est.
Minyae, gēns bellicōsissima, Thēbānīs fīnitimī[2] erant.
Lēgātī autem ā Minyīs ad Thēbānōs quotannīs mittē-
bantur: hī Thēbās veniēbant et centum bovēs postulā-
bant[3]. Thēbānī enim ōlim ā Minyīs superātī erant;
tribūta igitur rēgī Minyārum quotannīs pendēbant[4]. At
Herculēs cīvēs suōs hōc stīpendiō līberāre cōnstituit:
lēgātōs igitur comprehendit atque aurēs eōrum abscīdit[5].
Lēgātī autem apud omnēs gentēs sacrī habentur[6].

1. Ant. *fortis*.   4. *solvēbant, remittēbant*.
2. *proximī, vīcīnī*.   5. *amputāvit, resecuit*.
3. *poscēbant, flāgitābant*.   6. *iūdicantur, exīstimantur*.

17. Bellum in Minyās.

Erginus, rēx Minyārum, ob haec vehementer īrātus est,
et cum omnibus cōpiīs in fīnēs Thēbānōrum contendit[1].
Creōn adventum ēius per explōrātōrēs cōgnōvit; ipse
tamen pūgnāre nōluit, nam māgnō timōre affectus est;
Thēbānī igitur Herculem imperātōrem[2] creāvērunt. Ille
nūntiōs in omnēs partēs dīmīsit et cōpiās coēgit[3]; tum

1. *mātūrāvit, properāvit*.   2. *ducem*.   3. *conlēgit*.

proximō diē cum māgnō exercitū profectus est. Locum idōneum¹ dēlēgit et aciem īnstrūxit ; tum Thēbānī ē superiōre locō impetum in hostēs fēcērunt. Illī autem impetum sustinēre nōn potuērunt; itaque aciēs hostium
5 pulsa² est atque in fugam conversa.

1. *aptum, commodum.*   2. cf. Eng. *repulse.*

18. Herculēs dēmēns līberōs suōs occīdit.

Post hōc proelium Herculēs cōpiās suās ad urbem redūxit. Omnēs Thēbānī propter vīctōriam māximē gaudēbant¹. Creōn autem māgnīs honōribus Herculem
10 decorāvit, atque fīliam suam eī in mātrimōnium dedit. Herculēs cum uxōre suā ²vītam beātam agēbat ; sed post paucōs annōs subitō³ in furōrem incidit atque līberōs suōs ipse suā manū occīdit. Post breve tempus ad sānitātem reductus est et propter hōc facinus⁴ māgnō dolōre affectus
15 est ; mox ex urbe effūgit et in silvās sē recēpit. Nōlēbant enim cīvēs sermōnem cum eō habēre.

1. *laetābantur.*   3. *repente.*
2. See idioms.   4. *flāgitium, scelus.*

19. Herculēs ad ōrāculum Delphicum it.

Herculēs māgnopere¹ cupiēbat tantum scelus expiāre. Cōnstituit igitur ad ōrāculum Delphicum īre ; hōc enim
20 ōrāculum erat omnium celeberrimum. Ibi templum erat Apollinis, plūrimīs dōnīs ōrnātum ; hōc in templō sedēbat fēmina quaedam, nōmine Pȳthia, et cōnsilium dabat eīs quī ad ōrāculum veniēbant. Haec autem fēmina ab ipsō

1. *valdē, vehementer.*

HERCULES. 37

Apolline docēbātur[1], et voluntātem deī hominibus ēnūntiābat[2]. Herculēs igitur, quī Apollinem praecipuē colēbat[3], hūc vēnit. Tum rem tōtam exposuit neque scelus cēlāvit[4].

1. ērudiēbātur, īnstituēbātur.
2. nūntiābat, dīcēbat.
3. venerābātur.
4. reticuit, tēxit.

20. Respōnsum ōrāculī.

Ubi Herculēs fīnem fēcit, Pȳthia diū conticēbat[1]; tandem[2] tamen iussit eum ad urbem Tīryntha[3] īre, et Eurystheī rēgis omnia imperāta[4] facere. Herculēs, ubi haec audīvit, ad urbem illam contendit et Eurystheō rēgī sē in servitūtem trādidit. Duodecim annōs in servitūte Eurystheī tenēbātur et duodecim labōrēs quōs ille imperāverat, cōnfēcit; hōc enim ūnō[5] modō tantum scelus expiārī potuit. Dē hīs labōribus plūrima ā poētīs scrīpta sunt. Multa tamen, quae poētae nārrant, vix crēdibilia sunt.

1. nihil dīcēbat.
2. Par. post longam moram, dēnique, ad extrēmum.
3. Tiryns, a city in Argolis.
4. iūssa.
5. alone.

21. Labor prīmus: Herculēs Nemaeum leōnem occīdit.

Prīmum ab Eurystheō iūssus est Herculēs leōnem occīdere, quī illō tempore vallem Nemaeam [1]reddēbat īnfēstam. In silvās igitur quās leō incolēbat, statim sē contulit[2]. Mox feram[3] vīdit et arcum quem sēcum attulerat[4], intendit[5]: ēius tamen pellem[6] quae dēnsissima erat, trāi-

1. Par. faciēbat plēnam perīculī.
2. From cōnferō. See idioms.
3. animal saevum.
4. gesserat.
5. cf. Eng. tension.
6. cf. Eng. pelt, peltry.

cere¹ nōn potuit. Tum clāvā² māgnā quam semper gerēbat, leōnem percussit³: frūstrā tamen, neque enim hōc modō eum occīdere potuit. Tum dēmum⁴ collum mōnstrī brachiīs⁵ suīs complexus est, et faucēs⁶ ēius summīs
5 vīribus compressit. Hōc modō leō brevī tempore exanimātus est; nūlla enim respīrandī facultās eī dabātur. Tum Herculēs cadāver ad oppidum in umerīs rettulit; et pellem, quam dētrāxerat, posteā prō veste gerēbat. Omnēs autem quī eam regiōnem incolēbant ubi fāmam
10 dē morte leōnis accēpērunt⁷, vehementer gaudēbant⁸ et Herculem māgnō honōre habēbant.

1. *trānsfīgere.*
2. *club.*
3. cf. p. 34, l. 8.
4. *tandem.*
5. *arms.*
6. *jaws.*
7. *audīvērunt.*
8. cf. p. 36, l. 9.

22. Labor secundus: Herculēs Hydram¹ Lernaeam occīdit.

Post haec iūssus est ab Eurystheō Hydram necāre: haec autem mōnstrum erat cui novem erant capita. Her-
15 culēs igitur cum amīcō Iolāō profectus est ad palūdem Lernaeam quam Hydra incolēbat. Mox² mōnstrum invēnit, et, quamquam rēs erat māgnī perīculī, collum ēius laevā³ prehendit. Tum dextrā³ capita novem abscīdere⁴ coepit; quotiēns⁵ tamen hōc fēcerat, nova capita exoriē-
20 bantur⁶. Diū frūstrā labōrābat, tandem hōc cōnātū dēstitit⁷; cōnstituit deinde arborēs succīdere et īgnem accendere. Hōc celeriter fēcit, et, postquam līgna īgnem

1. The Hydra was a huge serpent having nine heads.
2. cf. p. 30, l. 2.
3. sc. *manū.*
4. cf. p. 35, l. 14.
5. *as often as.*
6. *nāscēbantur.*
7. *abstinuit.*

comprehendērunt, ¹face ārdente colla adūssit unde² capita exoriēbantur. Nōn tamen sine māgnō labōre haec fēcit; vēnit enim auxiliō Hydrae cancer³ ingēns, quī, dum Herculēs capita abscīdit, crūra ēius mordēbat⁴. Postquam mōnstrum tālī modō interfēcit, sagittās suās sanguine ēius imbuit⁵ itaque mortiferās reddidit⁶.

1. with a blazing brand he scorched the necks.
2. ex quibus.
3. crab.
4. volnerābat, laedēbat.
5. tinxit, madefēcit.
6. effēcit.

23. Labor tertius: Herculēs cervum¹ incrēdibilī celeritāte capit.

Postquam Eurystheō caedēs Hydrae nūntiāta est, māgnus timor animum ēius occupāvit. Iussit igitur Herculem cervum quendam ad sē referre, nōluit enim virum tantae audāciae in urbe retinēre. Hīc autem cervus (cūius cornua aurea fuisse trāduntur²) incrēdibilī fuit celeritāte. Herculēs igitur prīmum vestīgia³ ēius in silvīs animadvertit; deinde, ubi cervum ipsum vīdit, summīs vīribus currere coepit. Ūsque ad vesperum currēbat neque nocturnum tempus⁴ sibi ad quiētem relinquēbat. Frūstrā tamen, nūllō enim modō ⁵praedam cōnsequī poterat. Tandem, postquam tōtum annum cucurrerat⁶ (ita trāditur⁷) cervum cursū exanimātum⁸ cēpit et vīvum ad Eurystheum rettulit.

1. stag.
2. dīcuntur.
3. tracks.
4. obj. of relinquēbat.
5. Par. ad cervum pervenīre.
6. Pluperf. of currō.
7. nārrātur.
8. dēfessum, cōnfectum.

24. Labor quartus: Herculēs et aper[1] Erymanthius.

Post haec iūssus est Herculēs aprum quendam capere quī illō tempore agrōs Erymanthiōs vāstābat, et incolās[2] hūius regiōnis māgnopere terrēbat. Herculēs rem su-
5 scēpit et in Arcadiam profectus est. Postquam in silvam paulum prōgressus est, aprō occurrit[3]; ille autem, [4]simul atque Herculem vīdit, statim refūgit, et, timōre perterritus, in altam fossam sē prōiēcit. Herculēs igitur laqueum[5] quem attulerat, iniēcit; et summā cum difficultāte
10 aprum ē fossā extrāxit. Ille, etsī multum reluctābātur[6], nūllō modō sē līberāre potuit; et [7]ab Hercule ad Eurystheum vīvus relātus est.

1. *wild boar.*
2. cf. *incolēbat*, p. 37, l. 18.
3. *obviam iit.*
4. *ubi prīmum.*
5. *noose.*
6. cf. Eng. *reluctant.*
7. cf. the last sentence of the previous passage, of which this is the passive form.

25. Herculēs ad regiōnem Centaurōrum pervenit.

Dē quartō labōre, quem suprā nārrāvimus, haec etiam
15 trāduntur[1]. Herculēs, dum iter in Arcadiam facit, ad eam regiōnem vēnit quam Centaurī incolēbant. Mox, quod nox iam appetēbat[2], ad antrum[3] dēvertit in quō Centaurus quīdam, nōmine Pholus, habitābat.

Ille Herculem benīgnē excēpit et cēnam[4] parāvit. At
20 Herculēs, postquam cēnāvit[5], vīnum ā Pholō postulāvit. Erat autem in antrō māgna amphora[6] vīnō optimō replēta[7],

1. cf. p. 39, l. 19.
2. *appropinquābat.*
3. *cave.*
4. *cibum.*
5. *cēnam sūmpsit.*
6. *wine jar.*
7. *plēna.*

quam Centaurī ibi dēposuerant. Pholus igitur hōc vīnum dare nōlēbat, quod reliquōs Centaurōs timēbat[1]; nūllum tamen vīnum praeter hōc in antrō habēbat. " Hōc vīnum," inquit, "mihi commissum est[2]. Sī igitur hōc dabō, Centaurī mē interficient." Herculēs tamen eum 5 inrīsit[3] et ipse cyathum[4] vīnī ex amphorā hausit.

1. *metuēbat.*   3. *dērīsit.* cf. Eng. *deride, ridicule.*
2. *mandātum est.*   4. *pōculum.*

26. Proelium cum Centauris.

[1]Simul atque amphora [2]aperta est, odor iūcundissimus undique diffūsus est; vīnum enim suāvissimum[3] erat. Centaurī nōtum[4] odōrem sēnsērunt et omnēs ad locum 10 convēnērunt.

Ubi ad antrum pervēnērunt, māgnopere īrātī sunt quod Herculem bibentem[5] vīdērunt. Tum arma rapuērunt et Pholum interficere volēbant. Herculēs tamen in aditū[6] antrī cōnstitit et impetum eōrum fortissimē sustinēbat. 15 [7]Facēs ardentēs in eōs coniēcit, multōs etiam sagittīs suīs volnerāvit. Hae autem sagittae eaedem erant quae sanguine Hydrae [8]ōlim imbūtae erant. Omnēs igitur quōs ille sagittīs volnerāverat, venēnō[9] statim [10]absūmptī sunt : reliquī autem, ubi hōc vīdērunt, [11]terga vertērunt 20 et fugā salūtem petiērunt.

1. cf. p. 40, l. 6.   6. *ōstiō, līmine.*
2. Ant. *clausa est.*   7. cf. p. 39, l. 1.
3. *dulcissimum.*   8. Par. *quondam tinctae erant.*
4. Ant. *īgnōtum.*   9. cf. Eng. *venom.*
5. cf. Eng. *imbibe.*   10. *ablātī sunt*, i.e. *necātī sunt.*
11. See idioms.

27. Mors Pholī.

Postquam reliquī fūgērunt, Pholus ex antrō ēgressus[1] est et corpora spectābat eōrum quī sagittīs interfectī erant. Māgnopere autem mīrātus est quod tam levī[2] vol-
5 nere exanimātī erant[3], et causam ēius reī quaerēbat. Adiit igitur locum ubi cadāver cūiusdam Centaurī iacēbat, et sagittam ē volnere trāxit. Haec tamen, sīve cāsū sīve cōnsiliō deōrum, ē manibus ēius lapsa est et pedem leviter volnerāvit. Ille extemplō[4] dolōrem gravem per
10 omnia membra sēnsit et post breve tempus vī venēnī exanimātus est. Mox Herculēs, quī reliquōs Centaurōs secūtus erat, ad antrum rediit et māgnō cum dolōre Pholum mortuum vīdit. Multīs cum lacrimīs corpus amīcī ad sepultūram dedit; tum, postquam alterum cyathum[5]
15 vīnī hausit, [6]somnō sē dedit.

1. cf. Eng. *egress.*
2. *parvō.*
3. *occīsī erant.*
4. *statim.*
5. cf. p. 41, l. 6.
6. *quiēvit, dormīvit.*

28. Labor quīntus: Herculēs stabulum Augēae[1] pūrgat.

Deinde Eurystheus Herculī labōrem hunc graviōrem imposuit. Augēās quīdam, quī illō tempore rēgnum in Ēlide obtinēbat, tria mīlia boum habēbat. Hī in stabulō
20 ingentis[2] māgnitūdinis inclūdēbantur; stabulum autem inluviē[3] āc squālōre obsitum[4] erat, neque enim ad hōc tempus umquam pūrgātum erat. Hōc iussus est Herculēs intrā spatium ūnīus diēī pūrgāre. Ille, etsī rēs erat

1. Augeas, king of Elis. His stables had not been cleaned for thirty years.
2. *māximae.*
3. *filth.*
4. *squālidum.*

multae operae, negōtium suscēpit. Prīmum māgnō labōre fossam duodēvīgintī pedum fēcit, per quam flūminis aquam dē montibus ad mūrum stabulī perdūxit. Tum, postquam mūrum perrūpit[1], aquam in stabulum immīsit et tālī modō, contrā opīniōnem omnium, opus cōnfēcit[2]. 5

1. *perfrēgit.*   2. *perfēcit.*

29. Labor sextus: avēs Stymphālī.

Post paucōs diēs Herculēs ad oppidum Stymphālum iter fēcit, imperāverat enim eī Eurystheus ut avēs Stymphālidēs necāret. Hae avēs [1]rōstra aēnea habēbant et carne[2] hominum vēscēbantur[3]. Ille, postquam ad locum 10 pervēnit, lacum vīdit; in hōc autem lacū, quī nōn procul erat ex oppidō, avēs habitābant. [4]Nūlla tamen dabātur appropinquandī facultās, lacus enim nōn ex aquā sed ē līmō[5] cōnstitit; Herculēs igitur neque pedibus neque lintre[6] prōgredī potuit. 15

Ille, cum māgnam partem diēī frūstrā cōnsūmpsisset, hōc cōnātū dēstitit et ad Volcānum[7] sē contulit, ut auxilium ex eō peteret. Volcānus (quī ab fabrīs[8] māximē colēbātur), crepundia[9] quae ipse ex aere[10] fabricātus erat, Herculī dedit. Hīs[11] Herculēs tam dīrum crepitum[12] 20 fēcit ut avēs perterritae āvolārent; ille autem, dum āvolant, māgnum numerum eōrum sagittīs trānsfīxit.

1. *beaks of brass.*
2. From *carō*, cf. Eng. *carnal.* The abl. is governed by *vēscēbantur.*
3. *edēbant.*
4. Par. *nōn tamen appropinquāre poterat.*
5. *mud.*
6. *cymbā, nāvī.*
7. Vulcan, the god of fire and metal-working.
8. *artificibus.*
9. *a rattle.*
10. cf. p. 27, l. 18.
11. Refers to *crepundia.*
12. *sonitum, strepitum.*

30. Labor septimus: Herculēs taurum ex Crētā refert.

Tum imperāvit Herculī Eurystheus ut taurum quendam ferōcissimum[1] ex īnsulā Crētā vīvum referret. Ille igitur [2]nāvem cōnscendit et, cum ventus idōneus[3] esset, statim solvit[4]. Cum tamen īnsulae iam appropinquāret, tanta tempestās subitō coorta est ut nāvis cursum tenēre nōn posset. Tantus autem timor animōs nautārum occupāvit ut paene omnem spem salūtis dēpōnerent[5]. Herculēs, tamen, etsī nāvigandī imperītus[6] erat, haudquāquam[7] territus est.

Post breve tempus summa tranquillitās cōnsecūta est, et nautae, quī sē ex timōre iam recēperant, nāvem incolumem[8] ad terram perdūxērunt. Herculēs ē nāvī ēgressus est et, cum ad rēgem Crētae vēnisset, causam veniendī docuit. Deinde, postquam omnia parāta sunt, ad eam regiōnem contendit quam taurus vāstābat. Mox taurum vīdit et, quamquam rēs erat māgnī perīculī, cornua ēius prehendit[9]. Tum, cum ingentī labōre mōnstrum ad nāvem trāxisset, cum práedā in Graeciam rediit.

1. *saevissimum.*
2. See idioms.
3. *aptus, commodus, secundus.*
4. Lit. *he ́loosed*, referring to casting off the ropes before sailing.
5. *dīmitterent, abicerent.*
6. *īgnārus.*
7. *nēquāquam, minimē omnium, nōn omnīnō.*
8. *salvam, integram.*
9. *manibus cēpit.*

31. Labor octāvus: Herculēs et equī Diomēdis.

Postquam ex īnsulā Crētā rediit, Herculēs ab Eurystheō in Thrāciam missus est ut equōs Diomēdis redūce-

HERCULES. 45

ret. Hī equī ¹carne hominum vēscēbantur; Diomēdēs autem, vir crūdēlissimus, eīs prōiciēbat peregrīnōs² omnēs quī in eam regiōnem vēnerant. Herculēs igitur māgnā celeritāte in Thrāciam contendit et ab Diomēde postulāvit ut equī sibi trāderentur. Cum tamen ille hōc facere nōllet, Herculēs, īrā commōtus, rēgem interfēcit et cadāver ēius equīs prōicī iussit.

Ita mira rērum commūtātiō facta est: is enim quī anteā multōs cum cruciātū³ necāverat, ipse eōdem suppliciō necātus est. Cum haec nūntiāta essent, omnēs quī eam regiōnem incolēbant⁴, māximā laetitiā affectī sunt et Herculī meritam ⁵grātiam referēbant. Nōn modo māximīs honōribus et praemiīs eum decorāvērunt, sed ōrābant⁶ etiam ut rēgnum ipse susciperet⁷. Ille tamen hōc facere nōlēbat, et, cum ad mare rediisset, nāvem occupāvit⁸. Ubi omnia ad nāvigandum parāta sunt, equōs in nāvem collocāvit⁹; deinde, ¹⁰cum idōneam tempestātem nactus esset, sine morā ē portū solvit, et ¹¹paulō post equōs in lītus¹² Argolicum exposuit.

1. cf. 29, n. 2.
2. Ant. *cīvēs*.
3. *tormentō, summō dolōre*.
4. cf. p. 37, l. 18.
5. See idioms.
6. *rogābant*.
7. *occupāret*.
8. *cōnscendit*.
9. *posuit*.
10. Par. *cum ventus idōneus esset*, cf. p. 44, l. 4.
11. *post breve tempus*.
12. cf. 2, n. 1.

32. Labor nōnus: Herculēs iubētur balteum¹ Hippolytēs, Amāzonum rēgīnae, obtinēre.

Gēns Amāzonum dīcitur omnīnō ex mulieribus cōnstitisse². Hae summam · scientiam reī mīlitāris habēbant

1. cf. Eng. *belt*.
2. *fuisse*.

et tantam virtūtem praebēbant¹ ut cum virīs proelium committere audērent². Hippolytē, Amāzonum rēgīna, balteum habuit celeberrimum quem Mārs eī dederat. Admēta autem, Eurystheī fīlia, fāmam dē hōc balteō
5 accēperat et eum possidēre vehementer cupiēbat. Eurystheus igitur Herculī mandāvit³ ut ⁴cōpiās cōgeret et bellum Amāzonibus īnferret. Ille nūntiōs in omnēs partēs dīmīsit et, cum māgna multitūdō convēnisset, eōs dēlēgit⁵ quī māximum ūsum in rē mīlitārī habēbant.

1. *exhibēbant.* 3. *imperāvit.*
2. Not *audīrent.* cf. *audāx,* 4. Par. *mīlitēs conligeret.*
audācia. 5. cf. Eng. *delegate.*

10   **33. Hippolytē balteum dare nōn volt.**

Hīs virīs Herculēs persuāsit, postquam causam itineris exposuit, ut sēcum iter facerent. Tum cum eīs quibus persuāserat ¹nāvem cōnscendit, et, cum ventus idōneus esset, post paucōs diēs ad ōstium flūminis Thermōdontis
15 appulit². Postquam in fīnēs Amāzonum vēnit, nūntium ad Hippolytam mīsit quī causam veniendī docēret et balteum pōsceret. Ipsa Hippolytē balteum trādere³ volēbat, quod⁴ dē Herculis virtūte fāmam accēperat; reliquae⁵ tamen Amāzonēs eī⁶ persuāsērunt ut negāret. At Her-
20 culēs, cum haec nūntiāta essent, bellī fortūnam temptāre cōnstituit.

Proximō igitur diē, cum cōpiās ēdūxisset, locum idōneum dēlēgit et hostēs ad pūgnam ēvocāvit. Amāzonēs

1. cf. p. 44, l. 4. 4. *quia, quoniam.*
2. *appropinquāvit.* 5. *cēterae.*
3. *dare.* 6. i.e. Hippolyte.

quoque cōpiās suās ex castrīs ēdūxērunt et [1]nōn māgnō intervāllō aciem īnstrūxērunt.

1. *prope, nōn procul.*

34. Proelium cum Amāzonibus.

Palūs[1] erat nōn māgna inter duo exercitūs; neutrī tamen initium trānseundī facere volēbant. Tandem Herculēs sīgnum dedit et, ubi palūdem trānsiit, proelium commīsit.

Amāzones impetum virōrum fortissimē sustinuērunt et contrā opīniōnem omnium tantam virtūtem praestitērunt[2] ut multōs eōrum occīderint, multōs etiam in fugam iēcerint[3]. Virī enim novō genere pūgnae perturbābantur, nec solitam[4] virtūtem praestābant. Herculēs autem, cum haec vidēret, dē suīs fortūnīs dēspērāre coepit. Mīlitēs igitur vehementer cohortātus est ut prīstinae[5] virtūtis memoriam retinērent, neu[6] [7]tantum dēdecus admitterent, hostiumque impetum fortiter sustinērent; quibus verbīs animōs omnium ita ērēxit[8] ut multī, etiam quī volneribus cōnfectī[9] essent, proelium sine morā redintegrārent[10].

1. *aqua stāgnāns.*
2. *exhibuērunt, ostendērunt.*
3. *dederint.*
4. *adsuētam.*
5. cf. Eng. *pristine.*
6. *neu = et nē.*

7. Par. *tantam īnfāmiam ferrent.*
8. *excitāvit.*
9. *dēbilitātī, īnfīrmī.*
10. *renovārent.*

35. Amāzones vincuntur.

Diū et ācriter pūgnātum est[1]; tandem tamen ad sōlis

1. *pūgnō* in the passive voice is always impersonal. Do not translate it literally: here, *they fought.*

occāsum tanta commūtātiō[1] rērum facta est ut mulierēs [2]terga verterent et fugā salūtem peterent. Multae autem volneribus dēfessae[3], dum fugiunt, captae sunt ; in quō numerō ipsa erat Hippolytē. Herculēs summam clēmen-
5 tiam[4] praestitit[5] et, postquam balteum accēpit, lībertātem omnibus captīvīs dedit. Post haec sociōs ad mare redūxit et, quod nōn [6]multum aestātis supererat, in Graeciam proficīscī mātūrāvit[7]. Nāvem igitur cōnscendit et, [8]tempestātem idōneam nactus, statim solvit[9]: antequam
10 tamen in Graeciam pervēnit, ad urbem Trōiam [10]nāvem appellere cōnstituit ; frūmentum enim, quod sēcum habēbat, iam dēficere[11] coeperat.

1. cf. Eng. *commutation*:
2. See idioms.
3. *cōnfectae, dēfatīgātae, lassae*.
4. *hūmānitātem, benīgnitātem*.
5. cf. p. 47, l. 9.
6. *multum aestātis* = much of the summer.
7. *contendit, festīnāvit*.
8. Par. *cum ventus idōneus esset. nactus* is from *nancīscor* = *forte inveniō*.
9. cf. 30, n. 4.
10. *nāvigāre*.
11. cf. Eng. *deficient, deficit*.

36. Lāomedōn, rēx Trōiae, et mōnstrum.

Lāomedōn quīdam illō tempore rēgnum Trōiae obtinē-
15 bat ; ad hunc Neptūnus et Apollō annō superiōre vēnerant et, cum Trōia nōndum moenia habēret, ad hōc opus auxilium obtulerant[1]. Postquam tamen hōrum auxiliō moenia cōnfecta sunt, nōlēbat Lāomedōn praemium quod prōposuerat, persolvere[2].
20 Neptūnus igitur et Apollō, ob hanc causam īrātī[3], mōnstrum quoddam mīsērunt speciē[4] horribilī, quod cottīdiē ē

1. From *offerō*.
2. *dare, pendere*.
3. cf. Eng. *irate, ire*.
4. cf. p. 27, l. 18.

mari veniēbat et hominēs pecudēsque vorābat¹. Trōiānī igitur, timōre perterritī, in urbe continēbantur et pecora² omnia ex agrīs intrā mūrōs compulerant. Lāomedōn, hīs rēbus commōtus, ōrāculum cōnsuluit; deus autem eī praecēpit⁸ ut fīliam Hēsionem mōnstrō obiceret⁴.

1. cf. Eng. *devour*.
2. *animalia, bēstiās.*
3. *monuit, imperāvit.*
4. *trāderet.*

37. Hēsionē, fīlia rēgis, ab Hercule servātur.

Lāomedōn, cum hōc respōnsum renūntiātum esset, māgnum dolōrem percēpit¹; sed tamen, ut cīvēs suōs tantō perīculō līberāret, ōrāculō pārēre cōnstituit et ²diem sacrificiō dīxit. Sed, sīve cāsū³ sīve cōnsiliō deōrum, Herculēs tempore opportūnissimō Trōiam attigit⁴; ipsō enim temporis pūnctō⁵ quō puella catēnīs vincta ad lītus⁶ dēdūcēbātur, ille ⁷nāvem appulit. Herculēs, ē nāvī ēgressus, dē rēbus quae gerēbantur ⁸certior factus est: tum, īrā commōtus, ad rēgem sē contulit et auxilium suum obtulit⁹. Cum rēx libenter eī concessisset¹⁰ ut, sī posset, puellam līberāret, Herculēs mōnstrum interfēcit et puellam, quae jam ¹¹omnem spem salūtis dēposuerat, incolumem¹² ad patrem redūxit. Lāomedōn māgnō cum gaudiō fīliam suam accēpit, et Herculī prō tantō beneficiō meritās ¹³grātiās rettulit.

1. *sēnsit,* cf. p. 28, l. 22.
2. See idioms.
3. *by chance.*
4. *pervēnit.*
5. *mōmentō.*
6. cf. 2, n. 1.
7. Par. *in portum nāvigāvit.*
8. See idioms.
9. cf. p. 48, l. 17.
10. *permīsisset.*
11. cf. p. 30, l. 8.
12. *salvam.*
13. See idioms.

38. Labor decimus: bovēs Gēryonis.

Post haec missus est Herculēs ad īnsulam Erythīam ut bovēs Gēryonis arcesseret[1]. Rēs erat summae difficultātis, quod bovēs ā gigante Eurytiōne et ā cane bicipite[2] custō-
5 diēbantur. Ipse autem Gēryōn speciem horribilem praebēbat[3]; habēbat enim tria corpora inter sē coniūncta. Herculēs tamen, etsī intellegēbat quantum perīculum esset, negōtium[4] suscēpit; et postquam per multās terrās iter fēcit, ad eam partem Libyae pervēnit quae Eurōpae
10 proxima est. Ibi in utrāque parte fretī[5] quod Eurōpam ā Libyā dīvidit, columnās cōnstituit[6], quae posteā Herculis Columnae appellātae sunt.

1. *abdūceret.*
2. Etymology *bi-*, *twice* or *double*; *caput, head.*
3. *exhibēbat.*
4. *rem.*
5. *strait.*
6. *posuit.*

39. Herculēs Gēryonem interficit et obtinet bovēs.

Dum hīc[1] morātur, Herculēs magnum incommodum[2]
15 ex calōre[3] sōlis accipiēbat: tandem igitur, īrā commōtus, arcum suum intendit[4] et sōlem sagittīs petiit[5]. Sōl tamen audāciam virī tantum admirātus est ut lintrem[6] auream eī dederit. Herculēs hōc dōnum libentissimē[7] accēpit; nūllam enim nāvem in hīs regiōnibus invenīre
20 potuerat. Tum lintrem dēdūxit[8] et, ventum nactus[9] idōneum, post breve tempus ad īnsulam pervēnit. Ubi ex

1. *in hōc locō.*
2. *molestiam.*
3. *ārdōre.*
4. cf. p. 37, l. 20.
5. *aimed at.*
6. *nāvem, cymbam.*
7. Ant. *invītissimē.*
8. *launched.*
9. cf. **35**, n. 8.

incolīs cōgnōvit quō in locō bovēs essent, in eam partem statim profectus est et ā rēge Gēryone postulāvit[1] ut bovēs sibi trāderentur. Cum tamen ille hōc facere nōllet, Herculēs et rēgem ipsum et gigantem Eurytiōnem interfēcit.

1. *flāgitāvit, popōscit.*

40. Proelium in Ligurēs et imber[1] lapidum.

Tum Herculēs bovēs per Hispāniam et Liguriam compellere[2] cōnstituit : postquam igitur omnia parāta sunt, bovēs ex īnsulā ad continentem trānsportāvit. Ligurēs tamen, gēns bellicōsissima, dum ille per fīnēs eōrum iter facit, māgnīs cōpiīs convēnērunt atque eum longius prōgredī prohibēbant. Herculēs māgnam difficultātem habēbat; barbarī enim in locīs superiōribus cōnstiterant et saxa tēlaque in eum coniciēbant. Ille quidem paene [3]omnem spem salūtis dēposuerat; sed tempore opportūnissimō Iuppiter imbrem lapidum ingentium[4] ē caelō dēmīsit. Hī tantā vī cecidērunt ut māgnum numerum Ligurum occīderint; ipse tamen Herculēs [5]nihil incommodī cēpit.

1. *shower.*
2. *agere.*
3. cf. p. 30, l. 8.
4. Stronger than *māgnōrum*.
5. Par. *nulla volnera.*

41. Trānsitus Alpium.

Postquam Ligurēs hōc modō superātī sunt[1], Herculēs quam celerrimē prōgressus est et post paucōs diēs ad Alpēs pervēnit. Necesse erat hōs trānsīre ut in Ītaliam bovēs dūceret ; rēs tamen summae erat difficultātis: hī enim montēs quī Galliam ulteriōrem[2] ab Ītaliā dīvidunt,

1. *vīctī sunt.*
2. Ant. *citeriōrem.*

nive[1] perennī[2] teguntur; quam ob causam neque frūmentum neque pābulum[3] in hīs regiōnibus invenīrī potest. Herculēs igitur, antequam ascendere coepit, māgnam cōpiam frūmentī et pābulī comparāvit et bovēs onerāvit[4].
5 Postquam in hīs rēbus trēs diēs cōnsūmpserat, quartō diē profectus est et, contrā omnium opīniōnem, bovēs incolumēs[5] in Ītaliam trādūxit.

1. *snow.*
2. Etymology *per, throughout; annus, the year.*
3. *pābulum est cibus bēstiārum.*
4. cf. Eng. *onerous.*
5. cf. p. 49, l. 18.

42. Cācus, gigās quīdam, bovēs aufert.

Post breve tempus ad flūmen Tiberim vēnit, illō tamen
10 tempore nūlla erat urbs in eō locō ; Rōma enim nōndum condita est. Herculēs, itinere fessus, cōnstituit ibi paucōs diēs morārī ut sē ex labōribus recreāret. Haud procul ex valle ubi bovēs pāscēbantur, antrum[1] erat in quō gigās quīdam, nōmine Cācus, tum habitābat. Hīc spe-
15 ciem terribilem praebēbat, nōn modo quod ingentī māgnitūdine corporis erat, sed quod īgnem ex ōre exspīrābat. Cācus autem dē adventū Herculis [2]fāmam accēperat: noctū[3] igitur vēnit, et, dum Herculēs dormit, quattuor pulcherrimōrum boum abripuit. Hōs caudīs[4] in antrum
20 trāxit, nē Herculēs vestīgiīs[5] animadvertere posset quō in locō cēlātī essent.

1. cf. p. 40, l. 17.
2. Par. *rūmōrem audīverat.*
3. *nocturnō tempore.*
4. *by their tails.*
5. abl. of means.

43. Herculēs bovēs āmissōs undique[1] quaerit.

Posterō diē, [2]simul atque ē somnō excitātus est, Herculēs fūrtum[3] animadvertit et bovēs āmissōs undique quaerēbat. Hōs tamen nusquam reperīre poterat; nōn modo quod locī nātūram ignōrābat, sed quod vestīgiīs falsīs dēceptus est. Tandem, cum māgnam partem diēī frūstrā cōnsūmpsisset, cum reliquīs bōbus prōgredī cōnstituit. At, dum proficīscī parat, ūnus ē bōbus quōs sēcum habuit, mūgīre[4] coepit. Extemplō[5] eī quī in antrō inclūsī erant, mūgītum reddidērunt, et hōc modō Herculem [6]certiōrem fēcērunt [7]quō in locō cēlātī essent. Ille, vehementer īrātus, ad spēluncam[8] quam celerrimē [9]sē contulit ut praedam reciperet. At Cācus saxum ingēns ita dēiēcerat ut aditus spēluncae omnīnō obstruerētur.

1. cf. p. 30, l. 1.
2. cf. p. 31, l. 12.
3. *theft.* cf. *furtive.*
4. *to low.*
5. *statim.*
6. See idioms.
7. cf. p. 52, l. 20.
8. *antrum.*
9. See idioms.

44. Bōbus repertīs, Cācus necātur.

Herculēs, cum nūllum alium introitum[1] reperīre[2] posset, hōc saxum āmovēre cōnātus est; sed propter ēius māgnitūdinem rēs erat difficillima. Diū frūstrā labōrābat neque quidquam efficere poterat : tandem tamen māgnō cōnātū saxum āmōvit et spēluncam[3] patefēcit[4]. Ibi āmissōs bovēs māgnō cum gaudiō cōnspēxit[5]; sed Cācum ipsum vix

1. *aditum.*
2. *invenīre.*
3. cf. **43**, n. 8.
4. *aperuit.*
5. *vīdit.*

FABULAE FACILES.

cernere¹ potuit, quod spēlunca replēta erat fūmō² quem ille mōre suō ēvomēbat. Herculēs, ³inūsitātā speciē turbātus, breve tempus haesitābat; mox tamen in spēluncam inrūpit⁴ et collum⁵ mōnstrī bracchiīs⁶ complexus est⁷.
5 Ille, etsī ⁸multum reluctātus est, nūllō modō sē līberāre⁹ potuit; et, cum nūlla facultās respīrandī darētur, mox, quod necesse fuit, exanimātus est¹⁰.

1. *vidēre, cōnspicere.*
2. *smoke.* cf. Eng. *fumes.*
3. Par. *inūsitātō aspectū commōtus.*
4. *inruit, invāsit.*
5. cf. p. 39, l. 1.
6. *arms.*
7. *comprehendit.*
8. Par. *vehementer repūgnāvit, summā vī restitit.*
9. *ēripere.*
10. *animā prīvātus est, necātus est.*

45. Labor ūndecimus: aurea pōma¹ Hesperidum.

Eurystheus, postquam bovēs Gēryonis accēpit, labōrem
10 ūndecimum Herculī imposuit, graviōrem quam quōs² suprā nārrāvimus. Mandāvit³ enim eī ut aurea pōma ex hortō Hesperidum auferret. Hesperides autem nymphae erant quaedam fōrmā praestantissimā⁴, quae in terrā longinquā⁵ habitābant, et quibus aurea quaedam pōma ā Iūnōne com-
15 missa erant. Multī hominēs, aurī cupiditāte inductī, haec pōma auferre iam anteā cōnātī erant: rēs tamen difficillima erat; namque hortus in quō pōma erant, mūrō ingentī undique circumdatus est; praetereā dracō⁶ quīdam, cui⁷ centum erant capita, portam hortī dīligenter custōdiēbat.

1. *apples.*
2. The antecedent of *quōs* is *labōrēs* understood.
3. *imperāvit.*
4. *pulcherrimā.*
5. *remōtā.*
6. *serpēns.*
7. The dative of possessor.

Opus¹ igitur quod Eurystheus Herculī imperāverat, erat summae difficultātis, nōn modo ob causās quās memorāvimus², sed quod Herculēs omnīnō īgnōrābat quō in locō hortus ille situs³ esset.

1. *labor.*   2. *nārrāvimus.*   3. *positus.*

46. Herculēs Atlantem vīsit.

Herculēs, quamquam quiētem vehementer cupiēbat, cōnstituit tamen ¹Eurystheō pārēre; et ²simul āc iūssa ēius accēpit, proficīscī mātūrāvit³. Ā multīs mercātōribus⁴ quaesīverat quō in locō Hesperides habitārent; nihil tamen certum reperīre potuerat. Frūstrā per multās terrās iter fēcit et multa perīcula subiit: tandem, cum in hīs itineribus tōtum annum cōnsūmpsisset, ad extrēmam partem orbis quae proxima erat Ōceanō, pervēnit. Hīc stābat vir quīdam, nōmine Atlās, ingentī māgnitūdine corporis, quī caelum (ita trādunt⁵) umerīs suīs sustinēbat nē in terram dēcideret⁶. Herculēs tantum labōrem māgnopere mīrātus, ⁷post paulō in conloquium cum Atlante vēnit, et, cum causam itineris docuisset, auxilium ēius petiit.

1. Par. *iūssa Eurystheī facere.*   4. *merchants.*
2. *simul atque, ubi prīmum.*   5. *nārrant, dīcunt.*
3. *contendit, fēstīnāvit.*   6. Not *dēcīderet.*
7. *mox, post breve tempus.*

47. Herculēs, Atlante absente, caelum sustinet.

Atlās autem potuit Herculī māximē prōdesse¹; ille enim, cum ipse esset pater Hesperidum, bene scīvit quō

1. *iuvāre* with acc., *auxilium dare.*

in locō esset hortus. Postquam igitur audīvit quam ob causam Herculēs vēnisset, "Ipse," inquit[1], "ad hortum ībō, et fīliābus meīs persuādēbō ut pōma [2]suā sponte trādant." Herculēs, cum haec audīret, māgnopere gāvīsus est[3]; nōluit enim vim adhibēre[4], sī rēs aliter[5] fierī posset: cōnstituit igitur oblātum[6] auxilium accipere. Atlās tamen postulāvit ut, dum ipse abesset, Herculēs caelum umerīs sustinēret. Hōc igitur negōtium[7] Herculēs libenter suscēpit; et, quamquam rēs erat summī labōris, tōtum pondus caelī continuōs complūrēs[8] diēs sōlus sustinēbat.

1. *ait, dīcit.*
2. *libenter, nūllō cōgente.*
3. The perfect of *gaudeō.* cf. *laetātus est.*
4. *adferre.*
5. *aliō modō.*
6. Participle from *offerō.*
7. Par. *opus, labōrem.*
8. *permultōs.*

48. Herculēs pōma ab Atlante accipit.

Atlās intereā[1] abierat et ad hortum Hesperidum, quī pauca mīlia passuum aberat, sē quam celerrimē contulerat. Eō[2] cum vēnisset, causam veniendī exposuit, et fīliās suās vehementer hortātus est ut pōma trāderent. Illae diū haerēbant[3]; nōlēbant enim hōc facere, quod ab ipsā Iūnōne (dē quā ante dictum est) hōc mūnus[4] accēperant. Atlās tamen, post multa verba, eīs persuāsit ut sibi pārērent[5], et pōma ad Herculem rettulit[6]. Herculēs intereā, cum plūrēs diēs exspectāvisset neque ūllam fāmam dē reditū Atlantis accēpisset, hāc morā graviter commōtus est. Tandem quīntō diē Atlantem vīdit redeuntem et

1. *interim.*
2. *illūc, in eum locum.*
3. *dubitābant, haesitābant.*
4. *dōnum.*
5. cf. p. 55, l. 7.
6. *reportāvit.*

mox māgnō cum gaudiō pōma accēpit; tum postquam
¹grātiās prō tantō beneficiō ēgit, ad Graeciam proficīscī
mātūrāvit.
1. See idioms.

49. Labor duodecimus: canis Cerberus.

Postquam aurea pōma ad Eurystheum relāta sunt, ūnus 5
modo¹ relinquēbātur ē duodecim labōribus quōs Pȳthia²
Herculī praecēperat³. Eurystheus autem, cum Herculem
māgnopere timēret, volēbat eum in aliquem locum mittere
unde⁴ numquam redīre posset. Negōtium⁵ igitur eī dedit
ut canem Cerberum ex Orcō⁶ in lūcem traheret. Hōc 10
opus omnium difficillimum erat, nēmō enim umquam ex
Orcō redierat. Praetereā Cerberus iste mōnstrum erat
horribilī speciē, cui tria erant capita serpentibus saevīs
circumvolūta. Antequam tamen hunc labōrem nārrāmus,
⁷nōn aliēnum vidētur, quoniam dē Orcō mentiōnem fēci- 15
mus, pauca dē istā regiōne prōpōnere⁸.

1. *tantum, sōlum.*
2. cf. 19.
3. *imperāverat, iusserat.*
4. *ex quō.*
5. cf. p. 56, l. 8.

6. Orcus is the abode of the dead, Hades.
7. *it does not seem out of place.*
8. *nārrāre.*

50. Orcus.

Dē Orcō, quī īdem¹ Hādēs dīcēbātur², haec trāduntur³.
Ut⁴ quisque ⁵ē vītā discesserat, mānēs⁶ eius ad Orcum,

1. *quoque, etiam.*
2. *nōminābātur, appellābātur, vocābātur.*
3. *feruntur, nārrantur.*
4. *whenever.*
5. *ē vītā discēdere = morī.*
6. *ghost, shade.*

sēdem mortuōrum, ā deō Mercuriō dēdūcēbantur. Hūius regiōnis, quae sub terrā fuisse dīcitur, rēx erat Plūtō, cui uxor erat Prōserpina, Iovis et Cereris fīlia. Mānēs igitur, ā Mercuriō dēductī, prīmum ad rīpam veniēbant Stygis[1]
5 flūminis, quō continētur[2] rēgnum Plūtōnis. Hōc trānsīre necesse erat, antequam in Orcum venīre possent. Cum tamen hōc flūmen nūllō ponte iūnctum esset, mānēs trānsvehēbantur ā Charonte quōdam quī cum parvā scaphā[3] ad rīpam exspectābat. Charōn prō hōc officiō[4] mercē-
10 dem[5] postulābat, neque volēbat quemquam, nisi hōc praemium[6] prius dedisset, trānsvehere. Ob hanc causam mōs erat apud antīquōs nummum[7] in ōre mortuī pōnere eō cōnsiliō, ut, cum ille ad Stygem vēnisset, pretium trāiectūs[8] solvere posset. Eī autem quī post mortem in
15 terrā nōn sepultī[9] erant, Stygem trānsīre nōn potuērunt, sed in lītore per centum annōs errāre[10] coāctī sunt : tum dēmum licuit Orcum intrāre[11].

1. The Styx was a river of the infernal regions, across which Charon ferried the souls of the dead.
2. *cingitur, circumfluitur.*
3. *lintre.* cf. p. 50, l. 17.
4. *mūnere.*
5. *pretium.*
6. *mercēdem.*
7. *sēstertium*, a coin worth about five cents.
8. *trānseundī.*
9. cf. Eng. *sepulture.*
10. *vagārī, obambulāre.*
11. *inīre, ingredī.*

51. Rēgnum Plūtōnis.

Postquam mānēs Stygem hōc modō trānsierant, ad alte-
20 rum veniēbant flūmen quod Lēthē[1] appellātum est. Ex hōc flūmine aquam bibere cōgēbantur : quod[2] cum fēcissent,

1. Lethe means *forgetfulness.*
2. Object of *fēcissent.*

HERCULES. 59

rēs omnēs in vītā gestās[1] ē memoriā dēpōnēbant. Dēnique ad sēdem ipsam Plūtōnis veniēbant, cūius introitus[2] ā cane Cerberō custōdiēbātur. Ibi Plūtō, nigrō vestītū indūtus[3], cum uxōre Prōserpinā in soliō[4] sedēbat. Stābant etiam nōn procul ex eō locō tria alia solia in quibus sedēbant Mīnōs, Rhadamanthus, et Aeacus, iūdicēs īnferōrum. Hī mortuīs [5]iūs dīcēbant et praemia poenāsque cōnstituēbant : bonī enim in Campōs Ēlysiōs, sēdem beātōrum, veniēbant ; improbī[6] autem in Tartarum mittēbantur et multīs variīsque suppliciīs[7] ibi excruciābantur[8].

1. āctās.
2. aditus.
3. amictus, circumdatus.
4. sellā rēgālī.
5. See idioms.

6. Ant. bonī.
7. poenīs.
8. cf. Eng. excruciating; tormenta ferēbant.

52. Cymba[1] Charontis.

Herculēs postquam imperia[2] Eurystheī accēpit, in Lacōniam ad Taenarum statim sē contulit : ibi enim spēlunca[3] erat ingentī māgnitūdine, per quam (ut trādēbātur[4]) hominēs ad Orcum dēscendēbant. Eō[5] cum vēnisset, ex incolīs quaesīvit quō in locō spēlunca illa sita esset[6]: quod cum cōgnōvisset, sine morā dēscendere cōnstituit. Nōn tamen sōlus hōc iter faciēbat, Mercurius enim et Minerva sē sociōs eī adiūnxerant. Ubi ad rīpam Stygis vēnit, Herculēs scapham Charontis cōnscendit ut ad ūlteriōrem rīpam trānsīret. Cum tamen Herculēs vir esset ingentī

1. scapha, linter.
2. iūssa, mandāta.
3. cf. p. 53, l. 12.

4. cf. p. 57, l. 17.
5. cf. p. 56, l. 14.
6. cf. p. 55, l. 4.

māgnitūdine corporis, Charōn solvere¹ nōlēbat; māgnopere enim ²verēbātur nē scapha sua, tantō pondere onerāta, in mediō flūmine mergerētur⁸. Tandem tamen, minīs⁴ Herculis territus, Charōn scapham solvit, et eum incolumem ad ūlteriōrem rīpam perdūxit.

1. cf. 30, n. 4.
2. See idioms.
3. cf. Eng. *immerse, submerge*.
4. *verbīs īrātīs*.

53. Herculēs Cerberum ex Orcō ad urbem Eurystheī trahit.

Postquam flūmen Stygem tālī modō trānsiit, Herculēs in sēdem ipsīus Plūtōnis vēnit; et, postquam causam veniendī docuit, ab eō petīvit ut Cerberum auferre sibi licēret. Plūtō, quī dē Hercule fāmam accēperat, eum benīgnē excēpit, et facultātem¹ quam ille petēbat libenter dedit. Postulāvit tamen ut Herculēs, postquam iūssa Eurystheī explēvisset², Cerberum in Orcum rūrsus redūceret. Herculēs haec pollicitus est, et Cerberum, quem nōn sine māgnō perīculō manibus prehenderat³, summō cum labōre ex Orcō in lūcem et ad urbem Eurystheī trāxit. Eō⁴ cum vēnisset, tantus pavor⁵ animum Eurystheī occupāvit ut ex ātriō⁶ statim refūgerit: cum autem paulum⁷ sē ex timōre recēpisset, multīs cum lacrimīs obsecrāvit⁸ Herculem ut mōnstrum sine morā in Orcum redūceret. Sīc, contrā omnium opīniōnem, duodecim illī labōrēs quōs Pȳthia praecēperat, intrā duodecim

1. *veniam, licentiam.*
2. *exsecūtus esset.*
3. *cēperat.*
4. Adv.
5. *timor.*
6. The *atrium* was the principal room of a Roman house.
7. *parum.* Ant. *multum, māgnopere.*
8. *precātus est, obtestātus est.*

HERCULES. 61

annōs cōnfectī sunt[1]: [2]quae cum ita essent, Herculēs, servitūte tandem līberātus, māgnō cum gaudiō Thēbās rediit.

1. *perāctī sunt.*   2. See idioms.

54. Herculēs et Nessus, Centaurus.

Post haec Herculēs multa alia praeclāra[1] perfēcit quae nunc perscrībere [2]longum est: tandem, iam [3]aetāte prōvectus, Dēianīram Oeneī fīliam in mātrimōnium dūxit: post tamen trēs annōs accidit ut puerum quendam, nōmine Eunomum, cāsū occīderet. Cum autem mōs esset ut, sī quis hominem cāsū occīdisset, in exsilium īret, Herculēs cum uxōre suā ē fīnibus ēius cīvitātis exīre mātūrāvit. Dum tamen iter faciunt, ad flūmen quoddam pervēnērunt quod nūllō ponte iūnctum erat, et, dum quaerunt quōnam[4] modō flūmen trāiciant[5], accurrit Centaurus quīdam, nōmine Nessus, quī auxilium viātōribus obtulit. Herculēs igitur uxōrem suam in tergum Nessī imposuit: tum ipse flūmen nandō[6] trāiēcit. At Nessus, paulum in aquam prōgressus[7], ad rīpam subitō reversus est[8] et Dēianīram auferre cōnābātur[9]. Quod cum animadvertisset[10] Herculēs, īrā graviter commōtus, arcum intendit et pectus Nessī sagittā trānsfīxit.

1. *ēgregia, eximia.* The adj. is used substantively.
2. See idioms.
3. *senex, aetāte prōgressus.*
4. *quōnam:* the enclitic *-nam* makes *quō* emphatic.
5. *trānseant.*
6. *by swimming,* abl. of the gerund expressing means.
7. *profectus.*
8. *rediit.*
9. *temptābat.*
10. *vīdisset, intellēxisset.*

55. Nessus moriēns aliquid cruōris suī Dēianīrae dat.

Nessus igitur, sagittā Herculis trānsfīxus, moriēns humī[1] iacēbat[2]; at, [3]nē occāsiōnem suī ulcīscendī dīmitteret, ita locūtus est: "Tū, Dēianīra, verba morientis[4]
5 audī: sī vīs[5] amōrem marītī[6] tuī cōnservāre, aliquid sanguinis hūius, quī ē pectore meō effunditur, sūme āc repōne[7]; tum, sī umquam suspīciō in mentem tuam vēnerit, vestem marītī hōc sanguine īnficiēs[8]." Haec locūtus Nessus [9]animam efflāvit; Dēianīra autem nihil
10 malī suspicāta, imperāta[10] fēcit. Post breve tempus Herculēs bellum contrā Eurytum, rēgem Oechaliae, suscēpit, et, cum rēgem ipsum cum fīliīs interfēcisset, Iolēn, fīliam Eurytī, captīvam redūxit. Antequam tamen domum vēnit, nāvem ad Cēnaeum prōmunturium appulit[11], et,
15 in terram ēgressus, āram cōnstituit ut Iovī sacrificāret. Dum tamen sacrificium parat, Licham comitem suum domum mīsit quī vestem albam referret: mōs enim erat apud antīquōs, dum sacrificia faciēbant, vestem albam gerere. At Dēianīra verita[12] nē Herculēs amōrem ergā
20 Iolēn habēret, vestem, priusquam Lichae dedit, sanguine Nessī īnfēcit.

1. Locative case, *on the ground*.
2. Not *iaciēbat*.
3. *lest he should lose the opportunity of avenging himself.*
4. sc. *meī*.
5. From *volō*.
6. *virī, coniugis*.

7. *reconde, servā*.
8. *imbuēs, tingēs*. cf. p. 39, l. 6.
9. *mortuus est*.
10. *mandāta, iūssa*.
11. cf. p. 48, l. 11.
12. Translate as a present participle.

56. Mors Herculis.

Herculēs nihil malī suspicātus, vestem, quam Lichās attulit, statim induit: post tamen breve tempus dolōrem per omnia membra sēnsit, et quae causa esset ēius reī māgnopere mīrābātur. Dolōre paene exanimātus, vestem dētrahere[1] cōnātus est: illa tamen in corpore haesit[2], neque ūllō modō dīvellī[3] potuit. Tum dēmum Herculēs, quasi furōre impulsus, in montem Oetam [4]sē contulit, et in rogum[5] quem summā celeritāte exstrūxit[6], sē imposuit. Hōc cum fēcisset, eōs quī circumstābant ōrāvit ut rogum quam celerrimē accenderent[7] : omnēs diū recūsābant[8] : tandem tamen pāstor quīdam, ad misericordiam inductus, īgnem subdidit. Tum, dum omnia fūmō[9] obscūrantur, Herculēs, dēnsā nūbe vēlātus[10], ā Iove in Olympum abreptus[11] est.

1. *dīvellere.*
2. *adfīxa est.*
3. *dētrahī.*
4. See idioms.
5. *pyram.*
6. *ēdūxit.* Ant. *dēstrūxit,* cf. Eng. *destruction.*
7. *īnflammārent.*
8. *negābant.*
9. cf. p. 54, l. 1.
10. *tēctus.*
11. *ablātus.*

VIRI ROMAE.

I.

MARCUS ATILIUS REGULUS.
256 B.C.

The events here recorded took place during the First Punic War (264–241 B.C.). Regulus was celebrated not only for his heroism but also for the simplicity and the frugality of his life. Subsequent ages loved to point to him as a typical Roman.

57. Hannō, quasi dē pāce āctūrus, ad Rēgulum vēnit.

Mārcus Rēgulus cum Poenōs māgnā clāde[1] adfēcisset[2], Hannō Carthāginiēnsis ad eum vēnit quasi dē pāce āctūrus, rē vērā ut tempus extraheret[3] dōnec[4] novae cōpiae
5 ex Āfricā advenīrent. Is ubi ad cōnsulem accessit[5], exortus est[6] mīlitum clāmor audītaque vōx, [7]idem huic[8] faciendum esse quod paucīs ante annīs Cornēliō cōnsulī ā Poenīs factum esset. Cornēlius enim velut[9] in conloquium per fraudem ēvocātus ā Poenīs comprehēnsus erat[10]
10 et in vincula coniectus. Iam Hannō timēre incipiēbat,

1. *caedēs, internecio̅, calamitās.*
2. *aliquem māgnā clāde adficere = aliquem dēvincere.*
3. *prōdūceret, extenderet.*
4. *dum.*
5. *adiit, appropinquāvit.*
6. *coepit, incēpit.*
7. *idem . . . factum esset,* ind. disc. after *vōx audīta est,* which suggests a verb of saying.
8. *to him.*
9. *quasi.*
10. *captus erat.*

ROMAN IN TOGA PRAETEXTA.

MARCUS ATILIUS REGULUS.

sed perīculum astūtō[1] respōnsō āvertit: "[2]Hōc vērō," inquit, "sī fēceritis, nihilō eritis Āfrīs meliōrēs." Cōnsul tacēre iussit eōs quī pār parī referrī[3] volēbant, et conveniēns[4] gravitātī Rōmānae respōnsum dedit: "Istō tē metū, Hannō, fidēs Rōmāna līberat." Dē pāce, quia 5 neque Poenus sēriō[5] agēbat et cōnsul victōriam quam pācem mālēbat, nōn convēnit.[6]

1. sagācī, sapiente.
2. Or. Sī hōc vērō fēceritis, nihilō meliōrēs eritis Āfrīs.
3. reddī.
4. aptum.
5. Adv. cf. rē vērā.
6. pactum est.

58. Rēgulus deinde in Āfricam trāiēcit, ubi, trecentīs castellīs expūgnātīs, ingentem serpentem occidit.

Rēgulus deinde in Āfricam prīmus Rōmānōrum ducum 10 trāiēcit. Clypeam urbem et trecenta castella expūgnāvit, neque cum hominibus tantum[1], sed etiam cum mōnstrīs dīmicāvit[2]. Nam cum ad flūmen Bagradam castra habēret, anguis[3] mīrā[4] māgnitūdine exercitum Rōmānōrum vexābat; multōs mīlitēs ingentī ōre corripuit; plūrēs 15 caudae[5] verbere[6] ēlīsit[7]; nōnnūllōs ipsō pestilentis hālitūs[8] adflātū exanimāvit[9]. Neque is tēlōrum īctū perforārī poterat, dūrissimā[10] squāmārum[11] lōrīcā[12] omnia tēla facile repellente. Cōnfugiendum fuit ad māchinās advectīsque

1. Adv. sōlum.
2. pūgnāvit.
3. serpēns.
4. ēgregiā, singulārī.
5. cf. Eng. caudal, and p. 52, l. 19.
6. plāgā, īctū.
7. frēgit.
8. spīritūs.
9. animā prīvāvit, necāvit.
10. fīrmissimā.
11. of the scales.
12. lōrīca est mūnīmentum corporis.

ballistīs et catapultīs, velut arx quaedam¹ mūnīta, dēiciendus hostis fuit. Tandem saxōrum pondere oppressus iacuit, sed cruōre suō flūmen corporisque pestiferō² adflātū vīcīna loca īnfēcit Rōmānōsque castra inde submovēre 5 coēgit. Corium³ bēluae⁴, centum et vīgintī pedēs longum, Rōmam mīsit Rēgulus.

1. *quīdam* is the nearest approach to the English indefinite article.
2. *perniciōsō, exitiōsō.*

3. *pellis.* cf. Eng. *pelt.*
4. *Bēlua est animal ingēns et formīdābile.*

59. Senātus imperium Rēgulī in annum proximum prōrogāvit¹ et alimenta coniugī līberīsque ēius dedit.

Huic ob rēs bene gestās² imperium in annum proximum 10 prōrogātum est. Quod ubi cōgnōvit Rēgulus, scrīpsit senātuī vīlicum³ suum in agellō⁴, quem septem iūgerum⁵ habēbat, mortuum esse et servum ⁶occāsiōnem nactum aufūgisse ablātō⁷ īnstrūmentō rūsticō, ideōque⁸ petere sē ut sibi successor in Āfricam mitterētur, nē, dēsertō agrō, 15 nōn esset unde uxor et līberī alerentur. Senātus acceptīs litterīs rēs quās Rēgulus āmīserat pūblicā pecūniā redimī⁹ iussit, agellum colendum locāvit¹⁰, alimenta coniugī āc līberīs praebuit¹¹.

1. *prōdūxit, extendit.*
2. *factās.*
3. *vīlicus est praefectus vīllae cui tōta rērum rūsticārum cūra commissa est.*
4. *parvō agrō.*
5. gen. of measure. A *iūgerum* is about ⅔ of an acre.

6. Par. *occāsiōne fōrtuītō inventā.*
7. From *ab-ferō.*
8. *et ob hanc rem.*
9. *recipī, reddī, repōnī.*
10. *let, lease.*
11. *dedit, trādidit.*

MARCUS ATILIUS REGULUS. 67

60. Carthāginiēnsēs, dūrīs pācis condiciōnibus impositīs, ā Lacedaemoniīs auxilium petiērunt.

Rēgulus deinde multīs proeliīs Carthāginiēnsium opēs contudit[1] eōsque pācem petere coēgit. Quam cum Rēgulus nōllet nisi dūrissimīs condiciōnibus dare, ā Lacedae- 5
moniīs illī auxilium petiērunt.

1. Ant. *auxit.*

61. Rēgulus ā Xanthippō victus et captus est.

Lacedaemoniī Xanthippum, virum bellī perītissimum, Carthāginiēnsibus mīsērunt, ā quō Rēgulus victus est ūltimā perniciē; nam duo tantum[1] mīlia hominum ex 10
omnī Rōmānō exercitū refūgērunt et Rēgulus ipse captus et in carcerem coniectus est.

1. *sōlum.*

62. Inde Rōmam dē permūtandīs captīvīs missus est.

Inde Rōmam dē permūtandīs captīvīs missus est datō iūreiūrandō ut, sī nōn impetrāsset[1], redīret ipse Carthāgi- 15
nem. Quī cum Rōmam vēnisset, inductus in senātum mandāta exposuit; [2]sententiam nē dīceret recūsāvit[3]; quam diū iūreiūrandō hostium tenērētur, sē nōn esse senātōrem. Iūssus tamen sententiam dīcere, [4]negāvit esse ūtile captīvōs Poenōs reddī, illōs enim adulēscentēs 20
esse et bonōs ducēs, sē iam cōnfectum[5] senectūte. Cūius

1. *exōrāsset, precibus obtinuisset, perfēcisset.*
2. Translate as if *sententiam dīcere.*
3. *dētrectāvit, nōluit.* The

idea of *saying* in this verb governs the ind. disc. of the following sentence.
4. *dīxit nōn esse.*
5. *dēbilitātum.*

VIRI ROMAE.

cum valuisset¹ auctōritās, captīvī retentī sunt, ipse, cum retinērētur ā propinquīs et amīcīs, tamen Carthāginem rediit; neque vērō tunc īgnōrābat sē ad crūdēlissimum hostem et ad exquīsīta² supplicia³ proficīscī, sed iūsiūran-
5 dum cōnservandum⁴ putāvit.

1. *plūs potuisset, vīcisset.* 3. *poenās.*
2. *eximia, singulāria.* 4. sc. *esse.*

63. Rēgulus Carthāginem revertit et summō suppliciō occīsus est.

Reversum¹ Carthāginiēnsēs omnī cruciātū² necāvērunt³; palpebrīs⁴ enim resectīs⁵ diū eum in locō tenebri-
10 cōsō⁶ tenuērunt; deinde, cum sōl esset ārdentissimus, eum repente ēductum intuērī caelum coēgērunt; postrēmō⁷ in ārcam⁸ līgneam undique clāvīs⁹ praeacūtīs horrentem¹⁰ et tam angustam ut ērēctus perpetuō manēre cōgerētur, eum inclūsērunt. Ita dum fessum¹¹ corpus, quōcunque inclī-
15 nābat, stimulīs ferreīs cōnfoditur¹², vigiliīs et dolōre continuō interēmptus est¹³. Hīc fuit Atīlī Rēgulī exitus¹⁴, ipsā vītā clārior et inlūstrior.

1. *Reversum* agrees with *eum* understood, object of *necāvērunt*.
2. *tormentō, dolōre.*
3. *occīdērunt, interfēcērunt.*
4. *eyelids.*
5. *rescissīs, amputātīs.*
6. *obscūrō, sine lūmine.*
7. *dēnique, tandem, ad extrēmum.*
8. *cistam.* cf. *ark, chest.*
9. *nails.*
10. *horridam, asperam.*
11. *dēfessum, fatīgātum.*
12. *pungitur, volnerātur.*
13. *necātus est.*
14. *fīnis vītae, mors.*

II.
PUBLIUS CORNELIUS SCIPIO AFRICANUS.
218–183 B.C.

This Scipio, known as Africanus Major to distinguish him from Africanus Minor, the hero of the Third Punic War, was of a noble line of ancestors. He first distinguished himself in 218 B.C., when but sixteen years of age, by saving his father's life in battle. It was his supreme glory to conquer Hannibal and bring the Second Punic War to a successful conclusion.

64. Pueritia Scīpiōnis.

Pūblius Cornēlius Scīpiō, nōndum annōs pueritiae ēgressus patrem singulārī virtūte servāvit; quī cum, pūgnā apud Tīcīnum contrā Hannibalem commissā, graviter volnerātus in hostium manūs iam iam ventūrus esset, fīlius, interiectō corpore, Poenīs inruentibus[1] sē opposuit et patrem perīculō līberāvit.

1. *invādentibus, impetum facientibus.*

65. Aedīlis creātus.

Quae pietās Scīpiōnī posteā aedīlitātem petentī favōrem populī conciliāvit[1]. Cum obsisterent tribūnī plēbis, [2]negantēs ratiōnem ēius esse habendam quod nōndum ad petendum lēgitima aetās esset, "Sī mē," inquit Scīpiō, "omnēs Quirītēs aedīlem facere volunt, satis annōrum habeō." Tantō inde favōre ad suffrāgia[3] itum est ut tribūnī inceptō[4] dēsisterent.

1. *attulit, comparāvit.*
2. *saying that he ought not to be considered.*
3. cf. *suffrage.*
4. *cōnsiliō.*

66. Post calamitātem Cannēnsem summa imperī ad eum dēlāta est[1]. Coēgit nōbilēs quōsdam iuvenēs iūrāre ipsōs rem pūblicam nōn dēsertūrōs esse.

Post clādem Cannēnsem Rōmānī exercitūs reliquiae Canusium perfūgerant; cumque[2] ibi tribūnī mīlitum quattuor essent, tamen omnium cōnsēnsū ad Pūblium Scīpiōnem admodum[3] adulēscentem summa imperī dēlāta est[1]. Quibus cōnsultantibus nūntiat Pūblius Fūrius Philus, cōnsulāris virī fīlius, nōbilēs quōsdam iuvenēs propter dēspērātiōnem cōnsilium dē Ītaliā dēserendā inīre[4]. Statim in hospitium[5] Metellī, quī coniūrātiōnis erat prīnceps, sē contulit Scīpiō; et cum concilium ibi iuvenum, de quibus adlātum erat[6], invēnisset, [7]strictō super capita cōnsultantium gladiō, "Iūrāte," inquit, "vōs neque ipsōs rem pūblicam populī Rōmānī dēsertūrōs neque alium cīvem Rōmānum dēserere passūrōs[8]; quī nōn iūrāverit, in sē hunc gladium strictum esse sciat." [9]Haud secus pavidī quam sī victōrem Hannibalem cernerent[10], iūrant omnēs, custōdiendōsque[11] sēmet ipsōs Scīpiōnī trādunt.

1. *tribūta est.*
2. Concessive.
3. *valdē.*
4. *capere.*
5. *domum.*
6. *nūntiātum erat.*

7. *strictō gladiō, drawing his sword.*
8. *permissūrōs, concessūrōs.*
9. Par. *nōn aliter timidī.*
10. *vidērent.*
11. *tuendōs, dēfendendōs.*

67. In Hispāniam Scīpiōnem Rōmānī mittunt.

Cum Rōmānī duās clādēs[1] in Hispāniā accēpissent duoque ibi summī imperātōrēs[2] intrā diēs trīgintā cecidis-

1. *damna, calamitātēs.* 2. *ducēs.*

PUBLIUS CORNELIUS SCIPIO AFRICANUS. 71

sent[1], placuit[2] exercitum augērī eōque[3] prōcōnsulem mittī ;
nec tamen quem mitterent, satis cōnstābat[4]. Eā dē rē
[5]indicta sunt comitia. Prīmō[6] populus exspectābat ut,
quī sē tantō dīgnōs imperiō crēderent, nōmina profitē-
rentur[7] ; sed nēmō audēbat illud imperium suscipere. 5
Maesta[8] igitur cīvitās āc [9]prope inops cōnsilī comitiōrum
diē in campum dēscendit. Subitō P. Cornēlius Scīpiō,
quattuor et vīgintī fermē[10] annōs nātus[11], professus [12]sē
petere, in superiōre, unde[13] cōnspicī posset, locō cōnstitit.
In quem postquam omnium ōra conversa sunt, [14]ad ūnum 10
omnēs Scīpiōnem in Hispāniā prōcōnsulem esse iussērunt.
At postquam animōrum impetus resēdit[15], populum Rōmānum coepit[16] factī paenitēre[17] ; aetātī Scīpiōnis māximē
diffīdēbant. Quod ubi animadvertit Scīpiō, advocātā
cōntiōne ita māgnō ēlātōque[18] animō dē bellō quod geren- 15
dum esset disseruit[19] ut hominēs cūrā līberāret spēque
certissimā implēret.

1. *interfectī essent, mortuī essent.*
2. *optimum vīsum est.* The subject is the following infinitive clause.
3. *et in illum locum.*
4. Par. *manifēstum erat.*
5. *a general assembly was called.*
6. *at first.*
7. Par. *pūblicē cōnfitērentur.*
8. *trīstis.*
9. Par. *paene sine cōnsiliō.*
10. *paene, prope.*
11. *old.* See idioms.
12. *that he was a candidate.*
13. *ex quō.*
14. Par. *nē ūnō quidem exceptō.* See idioms.
15. *requiēvit.*
16. *incēpit.* It is used impersonally here.
17. *repent.* Remember that this verb takes the accusative of the person and the genitive of the thing.
18. *altō, excelsō.*
19. *dīxit, locūtus est.*

68. Profectus in Hispāniam, Carthāginem Novam expūgnāvit et clēmentiā in Celtibērōrum prīncipem adulēscentem, eam gentem Rōmānīs coniūnxit.

Profectus igitur in Hispāniam Scīpiō Carthāginem Novam, ¹quō diē vēnit, expūgnāvit. ²Eō congestae erant omnēs paene Āfricae et Hispāniae opēs³, ibi arma, ibi pecūnia, ibi tōtīus Hispāniae obsidēs erant ; quibus omnibus potītus est⁴ Scīpiō. Inter captīvōs ad eum adducta est eximiae⁵ fōrmae adulta virgō. Quam ubi comperit⁶ inlūstrī locō inter Celtibērōs nātam⁷ prīncipīque ēius gentis adulēscentī dēspōnsam⁸ esse, arcessītīs⁹ parentibus et spōnsō¹⁰, eam reddidit. Parentēs virginis, quī ¹¹ad eam redimendam satis māgnum aurī pondus attulerant, Scīpiōnem ōrābant ut id ā sē dōnum acciperet. Scīpiō aurum ante pedēs pōnī iussit vocātōque ad sē virginis spōnsō, " Super¹² dōtem¹³," inquit, " quam acceptūrus ā socerō¹⁴ es, haec tibi ā mē dōtālia dōna accēdent¹⁵," aurumque tollere¹⁶ āc sibi habēre iussit. Ille domum reversus ¹⁷ad referendam Scīpiōnī grātiam Celtibērōs Rōmānīs conciliāvit.

1. *eō diē quō vēnit.*
2. *in id oppidum.*
3. *dīvitiae, opulentia.*
4. *potior* takes the ablative.
5. *ēgregiae, praestantis.*
6. *invēnit.*
7. *ortam.*
8. *in mātrimōnium prōmissam.*
9. *ad sē vocātīs.*
10. *her betrothed.*
11. *to ransom her.*
12. *in addition to.*
13. *Dōs est id quod datur puellae quae in mātrimōnium datur.*
14. *father-in-law.*
15. *addentur.*
16. Par. *dē terrā levāre.*
17. *to requite the favor to Scipio.* See idioms.

PUBLIUS CORNELIUS SCIPIO AFRICANUS. 73

69. Scīpiō Hasdrubalem expellit; captīvōs partim dīmittit partim vēndit. Nārrātiō dē Massīvā, captīvō rēgiō.

Deinde Scīpiō Hasdrubalem vīctum ex Hispāniā expulit. Castrīs hostium potītus omnem praedam[1] mīlitibus concessit[2], captīvōs Hispānōs sine pretiō domum dīmīsit; Āfrōs vērō vēndī iussit. Erat inter eōs puer adultus rēgiī generis, fōrmā īnsīgnī[3], quem cum percontārētur[4] Scīpiō quis et cūiās[5] esset, et cūr [6]id aetātis in castrīs fuisset, "Numida sum," inquit puer, "Massīvam populārēs[7] vocant; orbus[8] ā patre relīctus, apud avum māternum, Numidiae rēgem, ēducātus sum. Cum avunculō[9] Masinissā, quī nūper[10] subsidiō Carthāginiēnsibus vēnit, in Hispāniam trāiēcī; prohibitus propter aetātem ā Masinissā numquam ante[11] proelium iniī. Eō diē quō pūgnātum est cum Rōmānīs, īnsciō[12] avunculō, clam[13] armīs equōque sūmptō[14], in aciem exiī; ibi prōlapsō equō captus sum ā Rōmānīs." Scīpiō eum interrogat[15] velletne ad avunculum revertī? Cum effūsīs gaudiō lacrimīs id vērō sē cupere puer dīceret, tum Scīpiō puerō ānulum[16] aureum equumque ōrnātum dōnat datīsque quī tūtō[17] dēdūcerent equitibus[18], dīmīsit.

1. *spolia.*
2. *dedit.*
3. *eximiā.*
4. *interrogāret.*
5. *unde, ex quō locō.*
6. *at that time of life;* see Introduction IV, 16, 4, c.
7. *cīvēs meī.*
8. *sine parentibus.*
9. *maternal uncle.*
10. *lately.*
11. An adverb.
12. *nēsciō, īgnōrante.*
13. *occultē,* ant. *palam.*
14. *captō.*
15. *percontātur.*
16. *ring.*
17. An adverb = *sine perīculō.*
18. abl. abs. with *datīs.*

70. Scīpiō rēgis appellātiōnem per māgnitūdinem animī dēnegat.

Cum Pūblius Cornēlius Scīpiō sē ergā Hispānōs clēmenter gessisset[1], circumfūsa multitūdō eum rēgem ingentī[2] cōnsēnsū appellāvit; at Scīpiō silentiō per praecōnem[3] factō, "Nōmen imperātōris," inquit, "quō mē meī militēs appellārunt, mihi māximum est: rēgium nōmen, alibī[4] māgnum, Rōmae intolerābile est. Sī id amplissimum[5] iūdicātis[6] quod rēgāle est, vōbīs licet exīstimāre rēgālem in mē esse animum; sed ōrō[7] vōs ut ā rēgis appellātiōne abstineātis." Sēnsēre[8] etiam barbarī māgnitūdinem animī quā Scīpiō id āspernābātur[9] quod cēterī mortālēs admīrantur et concupīscunt[10].

1. *sē gerere.* See idioms.
2. *immēnsō, māximō.*
3. *herald.*
4. *aliō in locō.*
5. *clārissimum.*
6. *putātis, exīstimātis.*
7. *petō, rogō.*
8. *vīdērunt, intellēxērunt.*
9. *rēiciēbat.*
10. *vehementer cupiunt.*

71. Scīpiō, receptā Hispāniā, in Āfricam lēgātum cum dōnīs mīsit quī amīcitiam Syphācis, Maurōrum rēgis, conciliāret.

Scīpiō, receptā Hispāniā, cum iam bellum in ipsam Āfricam trānsferre meditārētur, conciliandōs prius rēgum et gentium animōs exīstimāvit. Syphācem, Maurōrum rēgem, opulentissimum tōtīus Āfricae rēgem, quem māgnō ūsuī sibi fore[1] spērāret, prīmum temptāre statuit[2]. Itaque lēgātum cum dōnīs ad eum mīsit C. Laelium, quōcum intimā familiāritāte vīvēbat. Syphāx amīcitiam Rōmā-

1. *futūrum esse.* 2. *dēcrēvit.*

nōrum sē accipere adnuit¹ sed fidem nec dare nec accipere nisi cum ipsō cōram² duce Rōmānō voluit.

1. *adsēnsit, adfīrmāvit.* 2. *face to face.*

72. Scīpiō ipse in Āfricam trāiēcit et ibi Hasdrubalem hostem forte invēnit.

Scīpiō igitur in Africam trāiēcit. Forte ita incidit ut eō 5 ipsō tempore Hasdrubal, pulsus ex Hispāniā, ad eundem portum appelleret¹, Syphācis amīcitiam pariter petītūrus². Uterque ā rēge in hospitiüm invītātus³. ⁴Cēnātum simul apud rēgem est, eōdem etiam lectō⁵ Scīpiō atque Hasdrubal accubuērunt⁶. Tanta autem inerat cōmitās⁷ in 10 Scīpiōne ut nōn Syphācem modo sed etiam hostem īnfēstissimum⁸ Hasdrubalem sibi conciliāret. Scīpiō ⁹foedere īctō cum Syphāce in Hispāniam ad exercitum rediit.

1. *admovēret, put in, bring to land;* sc. *nāvem.* cf. p. 48, l. 11.
2. Expresses purpose.
3. sc. *est.*
4. *They dined together with the king.*
5. *couch.*
6. *reclined.*
7. *benīgnitās, adfābilitās.*
8. *inimīcissimum.*
9. Par. *amīcitiā cōnfīrmātā.*

73. Masinissa, amīcitiam cum Scīpiōne iungere cupiēns, in conloquium cum eō vēnit. Scīpiō eum in societātem 15 recēpit.

Masinissa quoque amīcitiam cum Scīpiōne iungere ¹iam dūdum cupiēbat. Quā rē ad eum trēs Numidārum prīncipēs mīsit ad tempus locumque conloquiō statuendum². Duōs prō obsidibus retinērī ā Scīpiōne iubet; remissō 20

1. *had long desired.* 2. *praescrībendum, adsīgnandum.*

tertiō quī Masinissam ad locum cōnstitūtum addūceret, Scīpiō et Masinissa cum paucīs in conloquium vēnērunt. Cēperat iam ante¹ Numidam ex fāmā² rērum gestārum admīrātiō virī, sed māior praesentis³ venerātiō cēpit ; erat enim in voltū⁴ māiestās summa ; accēdēbat⁵ ⁶prōmissa caesariēs habitusque⁷ corporis, nōn ⁸cultus munditiīs, sed virīlis vērē āc mīlitāris et flōrēns iuventā. Prope attonitus ipsō congressū Numida ⁹grātiās dē fīliō frātris remissō agit: adfīrmat sē ex eō tempore eam quaesīvisse occāsiōnem, quam tandem oblātam¹⁰ nōn omīserit¹¹ ; cupere sē illī et populō Rōmānō ¹²operam nāvāre. Laetus eum Scīpiō audīvit atque in societātem recēpit.

1. An adverb.
2. *rumōre.*
3. sc. *virī.*
4. *faciē.*
5. *addēbātur.*
6. *long hair.*
7. *fōrma, figūra, speciēs.*
8. *ōrnātus ēlegantiā.*
9. *grātiās . . . agit.* See idioms.
10. *datam.*
11. *praetermīserit.*
12. *auxilium dare.*

74. Scīpiō Rōmam rediit et cōnsul factus in Siciliam prōvinciam suam trāiēcit. Nārrātur quō modō sine pūblicā impēnsā¹ Scīpiō suōs equitēs parāverit.

Scīpiō deinde Rōmam rediit et ²ante annōs cōnsul factus est. Sicilia eī prōvincia dēcrēta est permissumque³ ut in Āfricam inde⁴ trāiceret. Quī cum vellet ex fortissimīs peditibus Rōmānīs trecentōrum equitum numerum complēre nec posset illōs subitō armīs et equīs īnstruere⁵, id prūdentī cōnsiliō perfēcit. Namque ex omnī

1. cf. *expense.*
2. sc. *iūstōs.* See idioms.
3. sc. *est.*
4. i.e. *ex Siciliā.*
5. *adōrnāre.*

PUBLIUS CORNELIUS SCIPIO AFRICANUS. 77

Siciliā trecentōs iuvenēs nōbilissimōs et dītissimōs, [1]quī equīs mīlitārent et sēcum in Āfricam trāicerent, lēgit[2] diemque eīs ēdīxit quā equīs armīsque īnstrūctī[3] atque ōrnātī adessent. Gravīs[4] ea mīlitia[5], procul domō, terrā marīque multōs labōrēs, māgna perīcula adlātūra vidē- 5 bātur; neque ipsōs modo, sed parentēs cōgnātōsque[6] eōrum ea cūra angēbat[7]. Ubi diēs quae dicta erat advēnit, arma equōsque ostendērunt[8], sed [9]omnēs ferē[10] longinquum et grave bellum horrēre[11] appārēbat. Tunc Scīpiō mīlitiam eīs sē remissūrum ait[12], sī arma et equōs 10 mīlitibus Rōmānīs voluissent trādere. Laetī condiciōnem accēpērunt iuvenēs Siculī. Ita Scīpiō sine pūblicā impēnsā suōs īnstrūxit ōrnāvitque equitēs.

1. to serve as cavalry.
2. ēlēgit. cf. elect.
3. parātī.
4. acc. plural agreeing with labōrēs.
5. bellum.
6. coniūnctōs sanguine.
7. vexābat, sollicitōs reddēbat.
8. mōnstrāvērunt.
9. omnēs ... horrēre is subject of appārēbat.
10. paene, prope.
11. vehementer timēre.
12. dīxit.

75. **Scīpiō ex Siciliā in Āfricam māgnō mīlitum ārdōre profectus, castra in proximīs tumulīs posuit. Speculā-** 15 **tōrēs hostium in castrīs captōs nōn sōlum sine suppliciō dīmīsit, sed etiam tōtum exercitum ostendit.**

Tunc Scīpiō ex Siciliā in Āfricam ventō secundō profectus est tantō mīlitum ārdōre, ut nōn ad bellum dūcī vidērentur, sed ad certa vīctōriae praemia. Celeriter 20 nāvēs ē cōnspectū Siciliae ablātae sunt [1]cōnspectaque brevī

1. Or. et brevī (tempore) Āfricae lītora cōnspecta (sunt).

tempore Āfricae litora. Scīpiō cum ēgrediēns¹ ad terram ē nāvī prōlapsus esset² et ob hōc attonitōs³ mīlitēs cerneret, id quod trepidātiōnem adferēbat in hortātiōnem convertēns, "Āfricam oppressī⁴," inquit⁵, "mīlitēs !" ⁶Expositīs
5 cōpiīs in proximīs tumulīs castra mētātus est⁷. Ibi speculātōrēs hostium in castrīs dēprehēnsōs et ad sē perductōs nec suppliciō affēcit nec dē cōnsiliīs āc vīribus⁸ Poenōrum percontātus est⁹, sed ¹⁰circā omnēs Rōmānī exercitūs manipulōs cūrāvit dēdūcendōs; deinde interro-
10 gātōs num¹¹ ea satis cōnsiderāssent quae speculārī¹² erant iūssī, prandiō¹³ datō incolumēs¹⁴ dimīsit.

1. *exiēns.*
2. *cecidisset.*
3. *metū permōtōs.*
4. A pun: the word being used in the sense of '*press against*' or *upon*' or of '*conquer*, or *subdue.*'
5. *dīxit, ait.*
6. Par. *cōpiīs ē nāvibus dīmissīs.*
7. *posuit.*
8. *cōpiīs.*
9. *interrogāvit.*
10. Par. *dedit mandāta ut circā tōtum Rōmānum exercitum dēdūcerentur.*
11. *whether.*
12. *īnspicere, explōrāre.*
13. *cibō.*
14. *salvōs, integrōs.*

76. Masinissa sē Scīpiōnī coniūnxit, sed Syphāx, quī ad Poenōs dēfēcerat, victus Rōmam missus est.

Scīpiōnī in Āfricam advenientī Masinissa sē coniūnxit
15 cum parvā equitum turmā¹. Syphāx vērō ā Rōmānīs ad Poenōs dēfēcerat. Hasdrubal, Poenōrum dux, Syphāxque Scīpiōnī sē opposuērunt, quī utrīusque castra ūnā nocte perrūpit² et incendit. Syphāx ipse captus et vīvus

1. *manū.*   2. *penetrāvit, vī ingressus est.*

ad Scīpiōnem pertractus est¹. ²Syphācem in castra addūcī cum esset nūntiātum, omnis velut ad spectāculum triumphī multitūdō effūsa est; praecēdēbat ipse vinctus³, sequēbātur grex⁴ nōbilium Maurōrum. ⁵Movēbat omnēs fortūna virī cūius amīcitiam ōlim Scīpiō petierat. Rēgem aliōsque captīvōs Rōmam mīsit Scīpiō; Masinissam quī ēgregiē⁶ rem Rōmānam adiūverat⁷ aureā corōnā dōnāvit.

1. *dēductus est.*
2. Or. *cum nūntiātum esset Syphācem in castra addūcī, omnis multitūdō,* etc.
3. *in vinculīs.*
4. *multitūdō.*
5. Or. *fortūna virī cūius amīciam Scīpiō ōlim petierat, omnēs movēbat.*
6. *eximiē, excellenter.*
7. *auxilium dederat,* with the dative.

77. Hannibal ex Ītaliā ad dēfendendam patriam revocātur.

Haec et aliae quae sequēbantur clādēs¹, Carthāginiēnsibus tantum terrōris intulērunt ut Hannibalem ex Ītaliā ad tuendam patriam revocārent. ²Frendēns gemēnsque āc vix lacrimīs temperāns³ is dīcitur lēgātōrum verba audīsse mandātīsque pāruisse⁴. Respēxit saepe Ītaliae lītora, sēmet accūsāns quod nōn victōrem exercitum statim ab Cannēnsī pūgnā Rōmam dūxisset.

1. *calamitātēs.*
2. *gnashing his teeth and groaning.*
3. *abstinēns, parcēns.*
4. *to have obeyed,* with the dative.

78. Hannibal et Scīpiō ad conloquium conveniunt, sed pāce nōn factā pūgnātum est et Hannibal victus fūgit.

Zamam vēnerat Hannibal, quae urbs quīnque diērum iter ā Carthāgine abest, et nūntium ad Scīpiōnem mīsit

ut conloquendī sēcum potestātem faceret. Scipiō cum conloquium haud abnuisset[1], diēs locusque cōnstituitur. Itaque congressī sunt[2] duo clārissimī suae aetātis[3] ducēs. Stetērunt [4]aliquam diū tacitī mūtuāque admīrātiōne dēfīxī.
5 Cum vērō de condiciōnibus pācis [5]inter eōs nōn convēnisset, ad suōs [6]sē recēpērunt renūntiantēs[7] armīs dēcernendum[8] esse. Commissō deinde proeliō, Hannibal victus cum quattuor equitibus fūgit. [9]Cēterum cōnstat utrumque dē alterō cōnfessum esse [10]nec melius īnstruī aciem
10 nec ācrius potuisse pūgnārī.

1. *rēiēcisset, recūsāvisset.*
2. *convēnērunt.*
3. *temporis, saeculī.*
4. *for some time.*
5. *nōn cōnsēnsissent.*
6. *revertērunt, rediērunt.*
7. *referentēs, dēclārantēs.*

8. *dēcīdendum, dēpūgnandum.*
9. Par. *sed firma opīniō omnium est.*
10. *that the battle-line could not have been better arranged nor the battle more bravely fought.*

79. Scipiō victīs Carthāginiēnsibus lēgēs imposuit et Rōmam revertit ubi Āfricānus ab grātulantibus cīvibus appellātus est.

Carthāginiēnsēs metū perculsī[1] ad petendam pācem
15 ōrātōrēs[2] mittunt, trīgintā cīvitātis prīncipēs. Quī ubi in castra Rōmāna vēnērunt, veniam[3] cīvitātī petēbant, nōn culpam pūrgantēs[4] sed initium culpae in Hannibalem trānsferentēs. Victīs lēgēs imposuit Scīpiō. Lēgātī, cum nūllās condiciōnēs recūsārent[5], Rōmam profectī sunt, ut,
20 quae ā Scīpiōne pacta essent[6], ea patrum āc populī auctō-

1. *impulsī, permōtī.*
2. *lēgātōs.*
3. *remissiōnem.*

4. *excūsantēs.*
5. *rēicerent.*
6. *cōnstitūta essent.*

ritāte cōnfīrmārentur. Ita pāce terrā marīque partā¹ Scīpiō exercitū in nāvēs impositō Rōmam revertit. Ad quem advenientem concursus ingēns² factus est: effūsa nōn ex urbibus modo, sed etiam ex agrīs multitūdō viam obsidēbat³. Scīpiō inter grātulantium plausūs triumphō omnium clārissimō ⁴urbem est invectus ⁵prīmusque nōmine vīctae ā sē gentis est nōbilitātus Āfricānusque appellātus.

1. *factā.*
2. *immēnsus.*
3. *occupābat.*
4. Par. *in urbem ductus est.*

5. *prīmusque . . . nōbilitātus,* and he was the first to be made famous.

80. Opīniō populī dē Scīpiōne quae cōnfirmāta dictīs ēius factīsque est.

Ex hīs rēbus gestīs¹ virum eum esse virtūtis dīvīnae volgō² crēditum est. ³Id etiam dīcere haud piget quod scrīptōrēs dē eō litterīs mandāvērunt⁴, Scīpiōnem cōnsuēvisse⁵, ⁶priusquam dīlūcēsceret, in Capitōlium ventitāre⁷ āc iubēre aperīrī cellam Iovis atque ibi sōlum diū dēmorārī⁸, quasi cōnsultantem dē rē pūblicā cum Iove: aedituōsque⁹ ēius templī saepe esse mīrātōs, quod eum ¹⁰id temporis in Capitōlium ingredientem canēs, semper in aliōs saevientēs¹¹, nōn lātrārent¹². ¹³Hās volgī dē Scī-

1. *tractīs, āctīs.*
2. Adv. = *ab omnibus.*
3. *I am not reluctant to tell this too.*
4. *trādidērunt.*
5. *cōnsuētūdinem habuisse.*
6. *ante lūcem.*
7. *frequenter venīre.*
8. *manēre.*

9. *custōdēs.*
10. *eō tempore.*
11. *furentēs.*
12. *bark.*
13. Or. *dicta factaquĕ ēius plēraque admīranda vidēbantur cōnfīrmāre atque approbāre hās opīniōnēs volgī dē Scīpiōne.*

piōne opiniōnēs cōnfīrmāre atque approbāre vidēbantur dicta factaque ēius plēraque admīranda, ex quibus est ūnum hūiuscemodī[1]: assidēbat[2] oppūgnābatque oppidum in Hispāniā, sitū moenibusque āc dēfēnsōribus validum et mūnītum, rē etiam cibāriā[3] cōpiōsum, neque ūlla ēius potiendī[4] spēs erat. Quōdam diē iūs[5] in castrīs sedēns dīcēbat Scīpiō atque ex eō locō id oppidum procul vidēbātur. Tum ē mīlitibus quī in iūre apud eum stābant, interrogāvit quispiam[6] ex mōre in quem diem locumque [7]vadēs sistī iubēret. Et Scīpiō manum ad ipsam oppidī quod obsidēbātur arcem prōtendēns, "Perendiē[8]," inquit, "sēsē sistant illō in locō" atque ita factum[9]. Diē tertiā in quam vadēs sistī iusserat, oppidum captum est. Eōdem diē in arce ēius oppidī iūs dīxit.

1. as follows.
2. obsidēbat.
3. frūmentāriā.
4. capiendī.
5. Object of dīcēbat, tr. was pronouncing judgment.
6. quīdam, subject of interrogāvit, connect with ē mīlitibus.
7. he ordered the securities to appear.
8. diē tertiā.
9. sc. est.

81. Hannibal victus ad Antiochum Syriae rēgem cōnfūgit ubi cum Scīpiōne conlocūtus est.

Hannibal ā Scīpiōne victus suīsque invīsus[1] ad Antiochum Syriae rēgem cōnfūgit eumque hostem Rōmānīs fēcit. Missī sunt Rōmā lēgātī ad Antiochum, in quibus erat Scīpiō Āfricānus; quī, cum Hannibale Ephesī[2] conlocūtus, ab eō quaesīvit quem fuisse māximum imperātōrem crēderet. Respondit Hannibal Alexandrum Mace-

1. odiōsus.
2. Locative.

donum rēgem māximum sibi vidērī, quod parvā manū innumerābilēs exercitūs fūdisset[1]. Quaerentī deinde quem secundum pōneret, "Pyrrhum," inquit, "quod prīmus [2]castra mētārī docuit nēmōque illō ēlegantius loca cēpit et praesidia disposuit." Scīscitantī[3] dēnique quem tertium dūceret[4], sēmet ipsum dīxit. Tum rīdēns Scīpiō, [5]"Quidnam tū dīcerēs," inquit, "sī mē vīcissēs?" Tūm mē[6] vērō," respondit Hannibal, "et ante Alexandrum et ante Pyrrhum et ante omnēs aliōs imperātōrēs posuissem." Ita imprōvīsō adsentātiōnis[7] genere Scīpiōnem ē grege imperātōrum velut inaestimābilem sēcernēbat[8].

1. *dīspersisset.*
2. *līmitēs castrōrum statuere.*
3. *quaerentī.*
4. *putāret, habēret.*
5. *What in the world would you have said?*
6. Obj. of *posuissem.*
7. *flattery.*
8. *sēparābat, dīvidēbat.*

82. Scīpiō imperātor, nōn bellātor.[1]

Scīpiō ipse fertur[2] quondam dīxisse, cum eum quīdam parum pūgnācem dīcerent, "Imperātōrem mē māter, nōn bellātōrem peperit[3]". Īdem dīcere solitus est, nōn sōlum dandam esse viam fugientibus, sed etiam mūniendam[4].

1. *aptus bellō.*
2. *dīcitur.*
3. *creāvit, genuit.*
4. *faciendam.*

83. Scīpiō, lēgātus Lūcī frātris, in Asiam profectus est.

Dēcrētō adversus Antiochum bellō cum Syria prōvincia obvēnisset[1] Lūciō Scīpiōnī, [2]quia parum in eō putābātur

1. *had fallen to the lot.*
2. Or. *quia parum animī putābātur in eō esse.*

esse animī, parum rōboris, senātus gerendī hūius belli cūram mandārī[1] volēbat conlēgae ēius C. Laeliō. Surgēns tunc Scīpiō Āfricānus, frāter māior[2] Lūcī Scīpiōnis, illam familiae ignōminiam dēprecātus est: dīxit in frātre suō summam esse virtūtem, summum cōnsilium[3], sēque eī lēgātum fore prōmīsit. Quod cum ab eō esset dictum, nihil est dē Lūcī Scīpiōnis prōvinciā commūtātum: itaque frāter nātū māior minōrī lēgātus in Asiam profectus est et tam diū eum cōnsiliō operāque adiūvit[4], dōnec trium- phum ille et cōgnōmen Asiāticī peperisset[5].

1. *darī.*
2. sc. *nātū.*
3. *prūdentiam.*
4. *auxilium dedit.*
5. *comparāvisset.*

84. Antiochus filium Pūblī Scīpiōnis cēpit sed incolumem eum remīsit.

Eōdem bellō filius Scīpiōnis Āfricānī captus est et ad Antiochum dēductus. Benīgnē et līberāliter adulēscen- tem rēx habuit[1], quamquam ab ēius patre [2]tum māximē fīnibus imperī pellēbātur. Cum deinde pācem Antiochus ā Rōmānīs peteret, lēgātus ēius Pūblium Scīpiōnem adiit eīque fīlium sine pretiō redditūrum rēgem dīxit, sī per eum pācem impetrāsset[3]. Cui Scīpiō respondit, "Abī, nūntiā rēgī, mē prō tantō mūnere[4] [5]grātiās agere ; sed nunc aliam grātiam[6] nōn possum referre quam ut eī suādeam[7] ut bellō absistat et pācis condiciōnem nūllam recūset." Pāx nōn convēnit ; tamen Antiochus Scīpiōnī fīlium

1. *tractāvit.*
2. *just at that time.*
3. *obtinuisset.*
4. *dōnō.*
5. See idioms.
6. *grātiam referre.* See idi- oms.
7. *horter, moneam.*

remīsit tantīque virī māiestātem venerārī[1] quam dolōrem suum ulcīscī māluit[2].

1. *colere.* 2. *wished rather.*

85. **Victō Antiochō Scīpiō, indīgnātus quod dē praedā quaeritur et sua innocentia in dubium vocātur, ratiōnum[1] librum dīripuit et senātum adlocūtus est.**

Victō Antiochō cum praedae ratiō ā L. Scīpiōne repōscerētur[2], Āfricānus prōlātum ab eō librum, [3]quō acceptae et expēnsae summae continēbantur et refellī[4] inimīcōrum accūsātiō poterat, discerpsit, indīgnātus dē eā rē dubitārī[5] quae sub ipsō lēgātō administrāta esset. Quīn etiam [6]hunc in modum verba fēcit: "[7]Nōn est quod quaerātis, patrēs cōnscrīptī, num parvam pecūniam in aerārium rettulerim, quī anteā illud Pūnicō aurō replēverim, neque mea innocentia potest in dubium vocārī. Cum Āfricam tōtam potestātī vestrae subiēcerim, nihil ex eā praeter cōgnōmen rettulī. Nōn igitur mē Pūnicae[8], nōn frātrem meum Asiāticae gazae[9] avārum reddidērunt; sed uterque nostrūm invidiā quam pecūniā est locuplētior[10]." Tam cōnstantem[11] dēfēnsiōnem Scīpiōnis ūniversus senātus comprobāvit.

1. *of accounts.*
2. *repeterētur.*
3. *in which the sums received and expended were entered and by which ...*
4. *refūtārī.*
5. Used impersonally.
6. *ita dīxit.*
7. *You have no reason to ask.*
8. sc. *gazae avārum reddidērunt.*
9. *dīvitiae.*
10. *dīvitior.*
11. *fīrmam.*

86. Deinde tribūnī plēbis fraude Scīpiōnem accūsāvērunt, sed ille causam nōn dīxit et ab urbe in Līternīnum concessit.

Deinde Scīpiōnī Āfricānō duo tribūnī plēbis [1]diem
5 dīxērunt, quod praedā ex Antiochō captā aerārium fraudāsset. Ubi causae dīcendae[2] diēs vēnit, Scīpiō māgnā hominum frequentiā in Forum est dēductus. Iūssus causam dīcere rōstra cōnscendit et coronā triumphālī capitī suō impositā, " Hōc ego diē," inquit, " Hannibalem Poe-
10 num, imperiō nostrō inimīcissimum, māgnō proeliō vīcī in terrā Āfricā pācemque nōbis et vīctōriam peperī[3] īnspērābilem. Nē igitur sīmus adversus deōs ingrātī, sed [4]cēnseō relinquāmus nebulōnēs hōs eāmusque nunc prōtinus in Capitōlium Iovī optimō māximō supplicātum[5]." Ā
15 rōstrīs in Capitōlium ascendit; simul[6] sē ūniversa cōntiō[7] ab accūsātōribus āvertit et secūta Scīpiōnem est, nec quisquam praeter [8]praecōnem quī reum citābat, cum tribūnīs remānsit. Celebrātior is diēs favōre hominum fuit [9]quam quō triumphāns dē Syphāce rēge et Carthāginiēn-
20 sibus urbem est ingressus. Inde, nē amplius tribūniciīs iniūriīs vexārētur, in Līternīnum concessit, ubi reliquam ēgit aetātem[10] sine urbis dēsīderiō[11].

1. *diem cōnstituērunt*, i.e. for the trial.
2. *dēfendendae*.
3. *comparāvī*.
4. Par. *moneō ut hōs fallācēs hominēs relinquāmus*.
5. Supine expressing purpose.
6. *eōdem tempore*.
7. *conventus*.
8. the herald who summoned the accused.
9. than the one on which.
10. *tempus vītae*.
11. *longing*.

87. Complūrēs praedōnum ducēs convenērunt ut Scīpiōnem vidērent. Mortuus est Scīpiō.

Cum in Līternīnā vīllā ¹sē continēret, complūrēs praedōnum ducēs ad eum videndum forte cōnflūxērunt. Quōs cum ad vim² faciendam venīre exīstimāsset, praesidium³ 5 servōrum in tēctō⁴ conlocāvit aliaque parābat quae ad eōs repellendōs opus⁵ erant. Quod ubi praedōnēs animadvertērunt, abiectīs armīs iānuae appropinquant et clārā vōce nūntiant Scīpiōnī sē⁶ nōn vītae ēius hostēs, sed virtūtis admīrātōrēs vēnisse, cōnspectum tantī virī, 10 quasi caeleste aliquod beneficium, expetentēs⁷ ; ⁸proinde nē gravārētur sē spectandum praebēre. Haec postquam audīvit Scīpiō ⁹forēs reserārī eōsque intrōdūcī iussit. Illī postēs iānuae tanquam religiōsissimam āram venerātī, cupidē Scīpiōnis dextram apprehendērunt¹⁰ āc diū 15 deōsculātī sunt¹¹ ; deinde positīs ante vestibulum dōnīs, laetī ¹²quod sibi Scīpiōnem ut vidērent contigisset¹³, domum revertērunt. Paulō post mortuus est Scīpiō moriēnsque ab uxōre petiit nē corpus suum Rōmam referrētur. 20

1. *aetātem ageret, vīveret.*
2. *iniūriam.*
3. *custōdēs.*
4. *domō.*
5. *necessāria.*
6. Subject of *vēnisse.*
7. *cupientēs.*
8. Par. *itaque nē molestē ferret*

sē exhibēre or *sē ad spectāculum dare.*
9. *iānuās aperīrī.*
10. *cēpērunt.*
11. *kissed.*
12. Or. *quod sibi contigisset ut Scīpiōnem vidērent.*
13. *ēvēnisset.*

III.
MARCUS PORCIUS CATO.
234-149 B.C.

Cato is one of the best-known and most striking figures of Roman history, being famous as a soldier, as a civil magistrate, and as a writer. In every respect he was a typical Roman of the old days. As a soldier he won renown in the Second Punic War. His hostility to Carthage was unrelenting and has become proverbial. He distinguished himself in civil affairs, especially by his censorship. He stood for all that was simple, frugal, and virtuous against the growing luxury and corruption of the time, and administered his office so rigorously that the name of Censor has clung to him to this day. Cato wrote on history and agriculture, and is among the earliest writers of Latin prose.

88. Adulēscentia Catōnis et sua frūgālitās temperantiaque.

Mārcus Porcius Catō, ortus¹ mūnicipiō² Tusculō, adulēscentulus, priusquam honōribus ³operam daret, rūrī in praediīs⁴ paternīs versātus est⁵, deinde Rōmam dēmigrā-
5 vit et in Forō esse coepit. ⁶Prīmum stīpendium meruit ⁷annōrum decem septemque, Quīntō Fabiō, M. Claudiō cōnsulibus. Castra secūtus est C. Claudī Nerōnis eiusque opera māgnī⁸ aestimāta in proeliō apud Sēnam, quō cecidit Hasdrubal, frāter Hannibalis. Ab adulēscentiā
10 frūgālitātem temperantiamque coluit. ⁹Pellibus haedīnīs prō strāgulīs ūtēbātur, eōdem cibō quō mīlitēs vēscēbātur;

1. *nātus.*
2. *oppidō.*
3. *cūrāret, attenderet.* See idioms.
4. *agrīs.*
5. *mānsit, fuit.*
6. *He served his first campaign in his seventeenth year.*

7. *annōrum*, etc., is gen. of description modifying the understood subject of *meruit.*
8. gen. of value, cf. Introduction IV, 16, 2, c.
9. *He used kid skins for coverings.*

cum in castrīs erat, aquam, sī ¹nimiō aestū torquērētur, acētum², sī vīrēs dēficerent, paululum vīnī sūmēbat³.

1. Par. *māximō calōre vexārētur.* 2. *vinegar.* 3. *capiēbat, bibēbat.*

89. Catō quaestor Scīpiōnī Āfricānō quī lūxuriae amantissimus fuit, cum eō inimīcē vīxit et Rōmae renūntiāvit rēs male apud exercitum Scīpiōnis sē habēre, quod crīmen Scīpiō facile refūtāvit. 5

Quaestor Scīpiōnī Āfricānō obtigit¹ et cum eō parum amīcē vīxit ; nam parsimōniae amāns, sūmptūs² quōs Scīpiō faciēbat haud probābat. Quā rē eō relictō Rōmam rediit ibique Scīpiōnis vītam palam³ et acerbē reprehendit, quasi⁴ eō duce solverētur⁵ disciplīna mīlitāris. 10 Dictitābat⁶ illum ⁷cum palliō et crepidīs solitum ambulāre in Gymnasiō, libellīs⁸ eum palaestraeque operam dare, mīlitum licentiae indulgēre. Quod crīmen nōn verbō, sed factō dīluit⁹ Scīpiō. Nam cum eā dē rē lēgātī Rōmā 15 Syrācūsās missī essent, Scīpiō exercitum omnem eō¹⁰ convenīre et classem expedīrī¹¹ iussit, tamquam dīmicandum¹² eō diē terrā marīque cum Carthāginiēnsibus esset; postrīdiē lēgātīs īnspectantibus pūgnae simulācrum¹³ ēdidit. Tum eīs armāmentāria, horrea¹⁴, omnemque bellī apparātum ostendit. Reversī Rōmam lēgātī omnia apud exercitum Scīpiōnis praeclārē¹⁵ sē habēre renūntiārunt. 20

1. *fell to the lot of.*
2. *expenditures.*
3. *apertē, nōn occultē.*
4. *on the ground that.*
5. *laxārētur.*
6. Intensive of *dīcō.*
7. *in a pallium* (a Grecian mantle) *and Grecian shoes.*

8. *parvīs librīs.*
9. *pūrgāvit, refellit.*
10. *in eum locum.*
11. *parārī.*
12. *pūgnandum.*
13. *imāginem.*
14. *granaries.*
15. *ēgregiē, optimē,* see idioms.

90. Asperitās Catōnis in lūxum mātrōnārum.

Eādem asperitāte Catō mātrōnārum lūxum īnsectātus est[1]. Namque in mediō ārdōre bellī Pūnicī Oppius, tribūnus plēbis, lēgem tulerat[2] quā mulierēs[3] Rōmānae plūs sēmūnciam[4] aurī habēre, vestīmentō versicolōrī ūtī, iūnctō[5] vehiculō in urbe vehī vetābantur. Cōnfectō[6] autem bellō et flōrente rē pūblicā, mātrōnae ut prīstinus[7] ōrnātus sibi redderētur postulābant; omnēs viās urbis obsidēbant virōsque ad Forum dēscendentēs ōrābant ut lēgem Oppiam abrogārent. Quibus ācerrimā ōrātiōne restitit Catō, sed frūstrā, nam lēx est abrogāta.

1. *persecūtus est.*
2. *prōposuerat.*
3. Subject of *vetābantur*.
4. *a half-ounce.*
5. sc. *equīs.*
6. *fīnītō.*
7. *antīquus.*

91. Catō cōnsul in Hispāniam profectus est. Victor Rōmam reversus dē Hispāniā triumphāvit.

Catō, creātus cōnsul, in Hispāniam adversus Celtibērōs profectus eōs ācrī proeliō victōs ad dēditiōnem compulit. Eō in bellō cum ultimīs[1] mīlitum parsimōniā, vigiliīs, labōre certābat[2] nec in quemquam gravius sevēriusque imperium exercēbat quam in [3]sēmet ipsum. Cum Hispānōs ad dēfectiōnem prōnōs[4] vīdisset, [5]cavendum iūdicāvit nē possent rebellāre. Id autem effectūrus sibi vidēbātur, sī eōrum mūrōs dīruisset[6]. Sed veritus nē, sī id ūniversīs

1. *lowest, humblest.*
2. *cum ultimīs certābat = ultimōs superāre cōnābātur.*
3. Emphatic form of *sē*.
4. *inclīnātōs, prōclīvēs.*
5. Par. *putāvit prōspiciendum esse.*
6. *ēvertisset.*

MARCUS PORCIUS CATO. 91

cīvitātibus imperāsset commūnī ēdictō, nōn obtemperārent[1], scrīpsit singulīs ut dīruerent mūnīmenta[2], minātus[3] bellum nisi cōnfēstim[4] obtemperāssent, epistulāsque ūniversīs cīvitātibus eōdem diē reddī iussit. Cum ūna quaeque[5] sibi[6] sōlī imperārī putāret, ūniversae pāruērunt. 5 Catō Rōmam reversus dē Hispāniā triumphāvit.

1. *pārērent, dictō audīrent.*
2. *moenia.*
3. *threatening.*
4. *mox, statim, sine morā.*
5. sc. *cīvitās.*
6. dat. after *imperārī* used impersonally.

92. Disciplīnae mīlitāris exemplum.

Disciplīnam mīlitārem summā servābat sevēritāte. Ab hostīlī quondam lītore, in quō per aliquot diēs mānserat, cum ter datō profectiōnis sīgnō classem[1] solvisset[2] et 10 [3]relictus ē mīlitibus quīdam ā terrā vōce et gestū [4]expostulāret utī tollerētur, circumāctā ad lītus ūniversā classe, comprehēnsum suppliciō adficī iussit et quem [5]occīsūrī [6]per ignōminiam hostēs fuerant, exemplō potius impendit[7].

1. *nāvēs.*
2. *loosed,* cf. 30, n. 4.
3. Or. *quīdam ē mīlitibus relictus.*
4. Par. and or. *vehementer postulāret ut auferrētur, ūni-*
versā classe ad lītus circumāctā,
eum comprehendī et suppliciō adficī iussit.
5. *occīsūrī . . . fuerant =*
would have killed.
6. *ignōminiōsē.*
7. *hē used.*

93. Cēnsor deinde factus Catō plūrimōs nōbilēs sevērē 15 pūnīvit inter quōs Lūcius Flāminīnus, vir cōnsulāris, fuit.

Cēnsor deinde factus sevērē eī praefuit potestātī. Nam cum[1] in complūrēs nōbilēs animadvertit tum[1] imprīmīs[2]

1. *nōn sōlum . . . sed etiam.*
2. *praesertim, māximē.*

Lūcium Flāminīnum, virum cōnsulārem, senātū mōvit. Cui inter cētera facinora[1] illud obiēcit. Cum esset in Galliā Flāminīnus, mulierem fāmōsam[2] ad cēnam vocāvit[3] eīque forte inter cēnandum[4] dīxit multōs [5]capitis damnā-
5 tōs in vinculīs esse quōs secūrī[6] percussūrus esset[7]. Tum illa negāvit sē umquam vīdisse quemquam secūrī ferientem et pervelle[8] id vidēre. Statim Flāminīnus ūnum ex illīs miserīs addūcī iussit et ipse secūrī percussit[9]. Quid atrōcius quam inter pōcula[10] et epulās ad spectāculum[11]
10 mulieris hūmānam vīctimam mactāre[12] et mēnsam cruōre respergere? Eō magis autem illum pūniendum putāvit Catō, quod amplissimī honōris māiestātem tam taetrō[13] facinore inquināverat[14].

1. *scelera.*
2. *īnfāmem, malam.*
3. *invītāvit.*
4. *epulandum.*
5. *ad mortem condemnātōs.*
6. *axe.*
7. *caesūrus esset.*
8. *valdē velle.*
9. sc. *eum.*
10. *cups.*
11. *entertainment.*
12. *occīdere, interficere.*
13. *foedō, turpī, horridō.*
14. *polluerat.*

94. Catō patrēs addūxit ut bellum Carthāginiēnsibus indīcerent.

15
Cum in senātū dē tertiō Pūnicō bellō agerētur[1], Catō iam senex dēlendam[2] Carthāginem cēnsuit negāvitque eā stante salvam esse posse rem pūblicam. Quod[3] cum, contrādīcente Scīpiōne Nāsīcā, nōn facile patribus per-
20 suādēret, posteā, quidquid in senātū cōnsultābātur, Catō adiciēbat[4], " Ego cēnseō Carthāginem esse dēlendam."

1. *dēlīberārētur.*
2. sc. *esse.*
3. Direct obj. of *persuādēret.*
4. *addēbat.*

Tandem attulit quōdam diē in cūriam ¹praecocem fīcum ostendēnsque patribus, "Interrogō vōs," inquit, "quandō hanc fīcum dēmptam² putētis ex arbore?" Cum omnēs recentem esse dīcerent, "³Atquī tertium," inquit, "ante diem scītōte dēcerptam esse Carthāgine; tam prope ā 5 mūrīs habēmus hostem." Mōvit ea rēs patrum animōs et bellum Carthāginiēnsibus indictum est.

1. *an early fig.*
2. *dētractam, dēcerptam*, sc. *esse.*

3. *"But yet," said he, "be assured that it was picked day before yesterday at Carthage."*

95. Catō fuit optimus pater et ipse in omnibus rēbus fīlium īnstituit.

Fuit Catō ut senātor ēgregius ita bonus pater. Cum 10 eī nātus esset fīlius, nūllīs negōtiīs nisi pūblicīs impediēbātur ¹quō minus mātrī adesset īnfantem abluentī² et fasciīs³ involventī. Ubi aliquid intellegere potuit puer, eum pater ipse in litterīs īnstituit⁴, etsī idōneum⁵ et ērudītum domī servum habēbat. Nōlēbat enim servum fīliō 15 maledīcere vel aurem vellicāre⁶, sī tardior in discendō esset; neque⁷ fīlium tantī beneficī, id est doctrīnae, dēbitōrem esse servō. Itaque ipse eius lūdī⁸ magister, ipse lēgum doctor, ipse lanista⁹ fuit. Cōnscrīpsit manū suā grandibus litterīs historiās, ut etiam in paternā domō 20

1. Tr. freely *from being present when the mother*, etc.; but what literally?
2. cf. *ablution.*
3. *swaddling-clothes.*
4. *ērudīvit, docuit, ēducāvit.*
5. *aptum.*
6. *to pull.*
7. *et nōn volēbat.*
8. *scholae.*
9. *athletic trainer.*

ante oculōs prōposita habēret[1] veterum[2] īnstitūta et exempla.

1. sc. *fīlius.*   2. *antīquōrum hominum.*

96. Dēlectātiōnēs agricultūrae Catō malēbat quam omnēs aliās rēs.

Agricultūrā plūrimum[1] dēlectābātur Catō mālēbatque agrōrum et pecorum frūctū quam [2]faenore dītēscere. Ā quō cum quaererētur quid māximē in rē familiārī expedīret[3], respondit, "[4]Bene pāscere." Quid secundum[5]? "Satis bene pāscere." Quid tertium[5]? "Male pāscere." Quid quartum[5]? "Arāre[6]." Et cum ille, quī quaesierat, dīxisset, "Quid faenerārī[5]?" tum Catō "Quid[5]," inquit, "hominem occīdere?"

1. *māximē.*
2. *to become rich by usury.*
3. *was profitable.*
4. Par. *bonōs gregēs et pecora alere* or *nūtrīre.*
5. sc. *expedīret.*
6. *to till the soil.*

97. Dē mōribus Catōnis.

Scrīpsit ipse vīllās suās nē tēctōriō[1] quidem esse praelitās[2] atque addidit, "Neque mihi aedificātiō[3] neque vās[4] neque vestīmentem ūllum est pretiōsum; sī quid est quō ūtī possim, ūtor; sī nōn est, facile careō[5]. [6]Mihi vitiō quīdam vertunt quod multīs egeō; at ego illīs vitiō tribuō quod nequeunt[7] egēre." Ipse scrīptum relīquit sē

1. *plaster.*
2. *covered.*
3. *aedificium.*
4. *utensil, dish.*
5. *abstineō.*
6. Par. *Quīdam mihi culpae attribuunt quod multīs rēbus careō.*
7. *nōn possunt.*

numquam vestem induisse¹ quae māiōris pretī quam centum dēnāriōrum² esset; ³cum cōnsulātum gereret, idem vīnum bibisse ⁴quod opificēs, et obsōnium⁵ ad cēnam ē Forō comparāsse⁶ trīginta sēstertiīs⁷ idque reī pūblicae causā fēcisse. Unde⁸ Seneca ait, "⁹Mārcum Catōnem tam reī pūblicae Rōmānae prōfuit nāscī quam Scīpiōnem; alter enim cum hostibus nostrīs bellum, alter cum mōribus gessit."

1. Par. *suō corporī circumdedisse.*
2. A denarius is about 18 cents.
3. Par. *cum cōnsul esset.*
4. *as the laboring men.*
5. *cibum.*
6. *ēmisse.* Ant. *vēndidisse.*
7. A sestertius is 4.1 cents.
8. *quam ob rem.*
9. Or. *tam prōfuit reī pūblicae Rōmānae Mārcum Catōnem nāscī quam Scīpiōnem (nāscī). tam ... quam,* as much ... as.

98. Patientia Catōnis ergā inimīcōs.

Iniūriārum patientissimus fuit Catō. Cui cum ¹causam agentī in frontem mediam īnspuisset² Lentulus quīdam, abstersit³ faciem et, "Adfīrmābō," inquit, "omnibus, Lentule, fallī⁴ eōs quī tē negant ⁵ōs habēre." Ab aliō homine improbō contumēliīs prōscissus⁶, "Inīqua⁷," inquit, "tēcum mihi est pūgna; tū enim probra⁸ facile audīs et dīcis libenter : mihi vērō et dīcere ingrātum et audīre īnsolitum⁹." Dīcere solēbat acerbōs inimīcōs

1. *arguing a case.* See idioms.
2. *spit into.*
3. *wiped off.*
4. *dēcipī, in errōre esse.*
5. Used in a double sense; literally it means '*to have a mouth,*' in a derived sense as here, '*to be impudent.*'
6. *adfectus, lacerātus.*
7. *inaequālis, impār.*
8. *maledicta, contumēliās.*
9. *inūsitātum, praeter cōnsuētūdinem.*

melius dē nōbīs merērī quam eōs amīcōs quī dulcēs vidērentur; illōs[1] enim saepe vērum dīcere, hōs numquam.

1. *illōs ... hōs, the former ... the latter.*

99. Catō acūtē hominī cuidam superstitiōsō respondet.

Homō quīdam superstitiōsus repperit[1] quondam [2]caligās suās ā sōricibus adrōsās. Hōc ostentō[3] turbātus[4], cōnsuluit[5] Catōnem quid malī portenderētur. Cui ille "Nōn est," inquit, "ostentum, quod sōricēs adrōsērunt caligās; at vērō sī caligae adrōsissent sōricēs, id fuisset ostentum."

1. *discovered.*
2. *that his boots had been gnawed by mice.*
3. *ōmine, prōdigiō.*
4. *perterritus.*
5. See idioms.

100. Catō ab inimīcīs accūsātus saepe, numquam māgnam virtūtis fāmam āmīsit. Nōn illum ēnervāvit senectūs, sed paulātim sine sēnsū adiit. Annōs quīnque et octōgintā nātus mortuus est.

Catō ab adulēscentiā usque ad extrēmam aetātem inimīcitiās reī pūblicae causā suscipere nōn dēstitit[1]. Ipse a multīs accūsātus nōn modo [2]nūllum exīstimātiōnis dētrīmentum fēcit, sed quoad[3] vīxit virtūtum laude crēvit[4]. Quartum et octōgēnsimum annum agēns ab inimīcīs capitālī crīmine accūsātus suam ipse causam perōrāvit[5], nec quisquam aut memoriam ēius tardiōrem aut lateris[6] firmi-

1. *cessāvit.*
2. *suffered no loss in esteem.*
3. *quam diū.*
4. *auctus est.*
5. *perēgit.*
6. *of his lungs.*

tātem imminūtam aut ōs¹ haesitātiōne impedītum animadvertit. Nōn illum ēnervāvit nec adfīxit senectūs ; eā aetāte aderat amīcīs, veniēbat in senātum frequēns. Graecās etiam litterās senex didicit. Quandō obrēperet² senectūs, vix intellēxit. Sēnsim sine sēnsū ingravēscēbat³ aetās ; nec subitō frācta est⁴, sed diūturnitāte⁵ quasi exstincta. Annōs quīnque et octōgintā nātus excessit ē vītā.

1. *linguam, sermōnem.*
2. *crept upon (him).*
3. *gravior fīēbat.*
4. *abrupta est.*
5. *longitūdine temporis.*

IV.

LUCIUS AEMILIUS PAULUS MACEDONICUS.

168 B.C.

Aemilius Paulus was one of the best specimens of the Roman nobility. He would condescend to no mean action to win personal advantage. He was a model soldier and an astute lawyer, and throughout his life won the admiration of all classes by the purity and integrity of his character. He was born about 230 B.C.; died 160 B.C. His greatest achievement, which gave him his cognomen, was his victory over Perseus, King of Macedonia, in his second consulship (168 B.C.). His triumph was the most splendid that Rome had yet seen.

101. Paulus cōnsul, profectus in Macedoniam, ōmine adductus est ut in hostem pergeret.

Aemilius Paulus ēius quī ad Cannās cecidit, fīlius erat. Cōnsul factus Macedoniam prōvinciam sortītus est¹, in quā Perseus, Philippī fīlius, paternī in Rōmānōs odī

1. *sorte obtinuit.*

hērēs[1], bellum renovāverat. [2]Quī cum eā ipsā diē, quā
eī ut bellum cum Perseō gereret obtigerat[3], domum [4]ad
vesperum redīret, fīliolam[5] suam Tertiam, quae tum erat
admodum[6] parva, ōsculāns[7] animadvertit trīsticulam[8].
"Quid est," inquit, "mea Tertia? quid trīstis es?" "Mī
pater," inquit, "Persa periit." (Erat autem mortuus
catellus[9] eō nōmine.) Tum ille artius[10] puellam complexus, "Accipiō ōmen," inquit, "mea fīlia." Ita ex
fortuītō dictō quasi spem certam clārissimī triumphī
animō praesūmpsit[11]. Ingressus deinde Macedoniam
rēctā[12] ad hostem perrēxit[13].

1. *heir.*
2. Or. *Quī cum redīret domum ad vesperum eā ipsā diē quā obtigerat eī ut bellum cum Perseō gereret, ōsculāns suam fīliolam Tertiam, quae tum admodum parva erat, animadvertit (eam) esse trīsticulam.*
3. *ēvēnerat, acciderat.*
4. *ad occāsum sōlis.*
5. Diminutive of *fīliam.*
6. *very.*
7. *kissing.*
8. Diminutive of *trīstem.*
9. *puppy.*
10. *strictius.*
11. *praecēpit.*
12. sc. *viā.*
13. *contendit.*

102. Dēfectiō[1] lūnae ā Sulpiciō Gallō praedicta maximum terrōrem Macedonibus intulit.

Cum duae aciēs in cōnspectū essent, Sulpicius Gallus,
tribūnus mīlitum, Rōmānum exercitum māgnō metū līberāvit. Is enim, cum lūnae dēfectiōnem nocte sequentī
futūram praescīret, ad cōntiōnem[2] vocātīs mīlitibus nē
quis id prō portentō acciperet, dīxit, "Nocte proximā
lūna ab hōrā secundā ūsque ad quartam hōram dēfec-

1. *eclipse.*
2. *conventum.*

tūra est. Id, quia nātūrālī ōrdine et statīs temporibus fit, ¹et scīrī ante et praedīcī potest. Itaque quem ad modum nēmō mīrātur lūnam² nunc plēnō orbe nunc senēscentem³ exiguō⁴ cornū fulgēre⁵, ⁶ita nē obscūrārī quidem, quandō⁷ umbrā terrae conditur, in prōdigium dēbet trahī⁸." Nocte 5 igitur ēditā⁸ hōrā lūna cum dēfēcisset, ¹⁰Rōmānīs mīlitibus Gallī sapientia probē dīvīna vidērī ; Macedonēs¹¹, ut trīste prōdigium, occāsum rēgnī perniciemque gentis portendēns, mōvit.

1. can both be known beforehand and predicted.
2. Subject of *fulgēre*.
3. *dēcrēscentem*.
4. *parvō*.
5. *lūcēre*.
6. Or. *ita in prōdigium dēbet trahī nē (lūnam) obscūrārī quidem quandō conditur umbrā terrae*.
7. *cum, ubi*.

8. *interpretārī*.
9. *appointed*, agrees with *hōrā*.
10. Or. *Rōmānīs mīlitibus sapientia Gallī vidērī probē dīvīna*. *vidērī* is a historical infinitive = *vidēbātur*. *probē* = *altogether*.
11. Object of *mōvit*, which has *dēfectiō lūnae* understood for its subject.

103. Post paucōs diēs Aemilius Paulus Perseum vīcit. 10
Post vīctōriam cōnsul vehementer sollicitus erat dē fīliō suō quī in castra ex proeliō nōn redierat, sed ille tardius reversus patrem suum māgnā cūrā līberāvit.

Paucīs diēbus post Aemilius Paulus cum Perseō ācerrimē dīmicāvit. Macedonum exercitus caesus fugātus- 15 que est¹; rēx ipse cum paucīs fūgit. Fugientēs persecūtus est Aemilius ūsque ad initium noctis, tum sē in castra victor recēpit. Reversum² gravis cūra angēbat³, quod

1. *in fugam datus est*.
2. Agrees with *eum* understood, object of *angēbat*.

3. *sollicitum reddēbat*.

fīlium minōrem¹ in castrīs nōn invēnisset. Pūblius Scīpiō is erat, ²Āfricānus et ipse posteā dēlētā Carthāgine appellātus, quī, decimum septimum tunc annum agēns³, dum ācrius sequitur hostēs, in partem aliam turbā ablātus erat. Sērius cum redīsset, tunc dēmum, receptō sōspite⁴ fīliō, victōriae tantae gaudium cōnsul sēnsit.

1. sc. *nātū*.
2. *himself also afterwards called Africanus for the destruction of Carthage.* He had the name *Aemilianus* also, to mark him as the son of Aemilius Paulus.
3. See idioms.
4. *salvō, incolumī*.

104. Perseus captus ad cōnsulem perductus est, quī eum maximā clēmentiā recēpit.

Victus Perseus in templum Samothrācēn¹ cōnfūgerat ibique in angulō obscūrō dēlitīscēns² dēprehēnsus et cum fīliō nātū māximō ad cōnsulem perductus est. Nōn aliās³ ad ūllum spectāculum tanta multitūdō occurrit. Pullā⁴ veste amictus⁵ Perseus ingressus est castra, nūllō suōrum aliō comite quī socius calamitātis miserābiliōrem eum faceret. Prōgredī prae⁶ turbā occurrentium ad spectāculum nōn poterat, dōnec cōnsul līctōrēs mīsisset quī submovendō circumfūsōs⁷ iter ad praetōrium⁸ facerent. Cōnsurrēxit cōnsul prōgressusque paulum introeuntī rēgī dextram porrēxit⁹, ¹⁰submittentemque sē ad pedēs sustulit¹¹; intrōductum in tabernāculum suō laterī adsidēre

1. An island in the Aegean Sea.
2. *latēns*.
3. *aliō tempore*.
4. *ātrā, nigrā*.
5. *indūtus, circumdatus*.
6. *ob, propter*, with acc.
7. Par. *eōs quī convēnerant*.
8. *the general's tent*.
9. *extendit*.
10. *and sinking down*.
11. *ēlevāvit*, sc. *eum*.

LUCIUS AEMILIUS PAULUS MACEDONICUS. 101

iussit[1]. Deinde eum interrogāvit quā inductus iniūriā
bellum contrā populum Rōmānum tam īnfēstō[2] animō
suscēpisset? Cum rēx interrogātus, terram intuēns, diū
tacitus flēret[3], cōnsul, " Bonum," inquit, "animum habē ;
populī Rōmānī clēmentia nōn modo spem tibi, sed prope 5
certam fīdūciam[4] salūtis praebet[5]."

1. sc. *eum.*
2. *inimīcō.*
3. Par. *lacrimās effunderet.*
4. *cōnfīdentiam.*
5. dat.

105. Paulus circumstantibus Rōmānīs dē mūtātiōne rērum hūmānārum dīcit et monet nē quis praesentī fortūnae crēdat.

Ita postquam Perseum cōnsōlātus est Aemilius Paulus, 10
ad circumstantēs Rōmānōs conversus, " Exemplum īn-
sīgne[1] cernitis," inquit, "mūtātiōnis rērum hūmānārum.
Vōbīs hōc praecipuē[2] dīcō, iuvenēs. Ideō in secundīs[3]
rēbus [4]nihil in quemquam superbē āc violenter cōnsulere
decet nec praesentī crēdere fortūnae, cum, quid vesper 15
ferat, incertum sit. Is dēmum[5] vir erit cūius animum
neque prōspera fortūna nimis[6] efferet[7], neque adversa
īnfringet[8]." Eō diē et invītātus[9] ad cōnsulem Perseus et
[10]alius omnis eī honor habitus est quī habērī in tālī for-
tūnā poterat. 20

1. *cōnspicuum.*
2. *māximē.*
3. *prōsperīs.*
4. *it is becoming to resolve upon arrogant and violent measures against no one ;* lit. *it is becoming to resolve upon nothing against any one proudly and violently.*
5. *quidem, profectō.*
6. *ūltrā modum,* ant. *parum.*
7. The perf. part. *ēlātus* suggests what derivative ?
8. *valdē franget, minuet, dēbilitābit.*
9. sc. *est.*
10. *every other honor was shown him.*

106. Celebrat victōriam Paulus māgnīs ¹lūdīs et epulīs.

Post victōriam cum ad cōnsulem multārum gentium lēgātī grātulandī causā vēnissent, Aemilius Paulus lūdōs māgnō apparātū² fēcit et epulās quoque lēgātīs māgnā
5 opulentiā et cūrā parāvit. Dīcere solēbat et ³convīvium īnstruere et lūdōs parāre virī⁴ ēiusdem esse quī vincere bellō scīret⁵.

1. *with games and banquets.*   4. Predicate gen. of posses-
2. *māgnificentiā.*   sion after *esse.*
3. Par. *epulās parāre.*   5. *knows how.*

107. Māgnificentissimus triumphus Paulī.

Cōnfectō bellō Aemilius Paulus rēgiā nāve ingentis
10 māgnitūdinis (nam sēdecim ōrdinēs rēmōrum¹ habuisse dīcitur) ad urbem est subvectus. Fuit ēius triumphus omnium longē māgnificentissimus. Populus exstrūctīs² per Forum tabulātīs³ in modum theātrōrum spectāvit⁴ in candidīs⁵ togīs. Aperta⁶ templa omnia et sertīs⁷ corōnāta
15 tūre⁸ fūmābant. In trēs diēs distribūta est pompa⁹ spectāculī. Prīmus diēs vix suffēcit trānsvehendīs ¹⁰sīgnīs tabulīsque ; sequentī diē trānslāta sunt arma, galeae, scūta, lōrīcae, pharetrae, argentum aurumque. Tertiō diē prīmā statim lūce dūcere āgmen coepēre¹¹ tībīcinēs¹²,
20 nōn fēstōs sollemnium pompārum modōs sed bellicum

1. *oars.*   7. *corōnīs flōrum.*
2. *ēductīs, factīs.*   8. *incense.*
3. *reviewing-stands.*   9. *parade.*
4. sc. *spectāculum.*   10. *statues and pictures.*
5. Ant. *nigrīs.*   11. *incēpērunt.*
6. Ant. *clausa.*   12. *pipers.*

sonantēs, quasi in aciem prōcēdendum esset[1]. [2]Deinde agēbantur pinguēs[3] cornibus aurātīs et vittīs[4] redimītī[5] bovēs centum vīgintī. Sequēbantur Perseī līberī, comitante ēducātōrum et magistrōrum turbā quī manūs[6] ad spectātōrēs cum lacrimīs miserābiliter tendēbant et [7]puerōs docēbant implōrandam suppliciter victōris populī misericordiam esse. Pōne[8] fīliōs incēdēbat cum uxōre Perseus, attonitus[9] et subitō malō stupēns. Inde quadringentae corōnae aureae portābantur, ab omnibus ferē Graeciae cīvitātibus dōnō[10] missae. Postrēmō ipse in currū Paulus aurō purpurāque fulgēns ēminēbat[11], māgnam[12] cum[13] dīgnitāte aliā corporis tum senectā ipsā māiestātem [14]prae sē ferēns. Post currum inter aliōs inlūstrēs virōs fīliī duo Aemilī, deinde equitēs turmātim[15] et cohortēs peditum, suīs quaeque ōrdinibus. Paulō ā senātū et populō Rōmānō concessum est ut [16]lūdīs circēnsibus veste triumphālī ūterētur, eīque cōgnōmen Macedonicī inditum[17].

1. Impersonal.
2. Or. *Deinde centum vīgintī pinguēs bovēs agēbantur cornibus aurātīs et vittīs redimītī.*
3. *sleek.*
4. *fillets.*
5. *corōnātī.*
6. Object of *tendēbant.*
7. Or. *docēbant puerōs misericordiam victōris populī suppliciter implōrandam esse.*
8. *post.*
9. *stunned.*
10. dat. for which.
11. *appārēbāt, exstābat, cōnspicuus erat.*
12. With *māiestātem*, which is the object of *ferēns.*
13. *cum ... tum = nōn sōlum ... sed etiam.*
14. *showing.* See idioms.
15. *by squadrons.*
16. *at the contests in the Circus Maximus.*
17. *datum est.*

108. Gravī dolōre Paulus adfectus propter mortem duōrum fīliōrum calamitātem summō animī rōbore sustinuit et dīxit sē laetārī quod hīc prīvātus nōn pūblicus cāsus esset.

Tantae huic laetitiae gravis dolor admixtus est. Nam Aemilius Paulus, duōbus fīliīs in adoptiōnem datīs, duōs tantum[1] nōminis hērēdēs domī retinuerat. Ex hīs minor, fermē duodecim annōs nātus, quīnque diēbus ante triumphum patris, māior autem trīduō post triumphum dēcessit. Itaque quī ad dōnandōs ūsque[2] līberōs abundāverat, in orbitāte[3] subitō dēstitūtus est. Eum tamen cāsum summō animī rōbore sustinuit, nec contigit[4] Perseō ut trīstem Paulum vidēret. Nam cum mōre māiōrum ōrātiōnem dē rēbus suīs gestīs apud populum habēret, "Cum in summā fēlīcitāte nostrā," inquit, "timērem nē quid malī fortūna mōlīrētur[5], deōs immortālēs precātus sum[6] ut, sī adversī[7] quid populō Rōmānō imminēret[8] ad expiandam nimiam[9] fēlīcitātem, id in meam potius domum quam in rem pūblicam recideret[10]. [11]Quāpropter [12]bene habet. Adnuendō[13] enim vōtīs nostrīs effēcērunt ut vōs potius meum cāsum dolērētis quam ego vestrō[14] ingemīscerem[15]. Nēmō iam ex tot līberīs superest quī Aemilī Paulī

1. *sōlum.*
2. Join with *ad* above, *ūsque ad = even to.*
3. *prīvātiōne.*
4. *ēvēnit.*
5. *parāret, cōgitāret.*
6. *implōrāvī.*
7. Partitive gen. after *quid.*
8. *impendēret, īnstāret, appropinquāret.*
9. *excessive.*
10. *caderet.*
11. *Quam ob rem bene est.*
12. See idioms.
13. *adsentiendō.*
14. sc. *cāsū,* abl. of cause.
15. *dēplōrārem, lāmentārer.*

LUCIUS AEMILIUS PAULUS MACEDONICUS. 105

nōmen ferat. Duōs enim in adoptiōnem datōs Cornēlia et Fabia gēns habent; Paulī in domō praeter[1] senem nēmō superest. Sed hanc prīvātam calamitātem vestra fēlīcitās et secunda[2] fortūna pūblica cōnsōlātur."

1. *except.*　　　　2. *prōspera.*

109. Paulus omnēs Macedonum dīvitiās in aerārium populī Rōmānī intulit et pauper dēcessit. Fūnus ēius omnium benevolentiā īnsigne fuit.

Aemilius Paulus omnī Macedonum gazā quae fuit māxima, potītus[1], tantam in aerārium populī Rōmānī pecūniam invēxit ut ūnīus imperātōris praeda fīnem adferret[2] tribūtōrum. At hīc nihil domum suam praeter sempiternam[3] nōminis memoriam dētulit. Mortuus est adeō pauper [4]ut dōs ēius uxōrī, nisi [5]vēnditō, quem ūnum relīquerat, fundō, nōn posset exsolvī[6]. [7]Exsequiae ēius nōn tam aurō et ebore cēterōque apparātū, quam omnium benevolentiā et studiō[8] fuērunt īnsignēs. Macedoniae prīncipēs, quī tunc Rōmae erant lēgātī, [9]umerōs suōs fūnebrī lectō sponte suā subiēcērunt. Quem enim in bellō ob virtūtem timuerant, eundem in pāce ob iūstitiam dīligēbant[10].

1. This verb equals *in possessiōne habēre*, and is followed by the abl.
2. *faceret.*
3. *aeternam.*
4. Or. *ut dōs ēius uxōrī nōn posset exsolvī nisi vēnditō fundō quem ūnum relīquerat.*
5. *vēnditō fundō* = *by selling the farm.*
6. *be paid.*
7. *pompa fūneris,* join *exsequiae* with *fuērunt īnsignēs.*
8. *amōre, favōre.*
9. *bore the funeral bier on their shoulders at their own request.*
10. *amābant.*

SELECTIONS FROM AULUS GELLIUS.

I. LIFE OF AULUS GELLIUS.

All the information that we have about Gellius is contained in his well-known work, *Noctes Atticae*. In this he now and then makes incidental reference to himself and his activities, but nowhere gives any express or detailed account of his life. The date of his birth and of his death are equally uncertain, but we know from his references to his contemporaries that he must have lived from about 120 to 180 A.D. He was probably a Roman and of good family, and his education in grammar, rhetoric, and philosophy was of the very best. Among his teachers may be mentioned Sulpicius Apollinaris, the grammarian, a famous Carthaginian, who inspired him with a lasting interest in his art; Titus Castricius, the foremost rhetorician of his time; and Favorinus, the philosopher, once the favorite of the Emperor Hadrian, and distinguished for his learning and eloquence. Gellius was a lawyer by profession, but found time for much reading and study. Probably at the suggestion of Favorinus, he made a journey to Greece and traveled extensively in that country, remaining for a considerable time at Athens. It was there, in a country house near the city, during the long nights of winter, that he prepared his book. This suggested its title *Noctes Atticae*. No subsequent events of his life are known to us.

II. NOCTES ATTICAE.

Gellius tells us in his preface that it was his habit when reading to make notes and extracts from the volume before him, and that these make up his book. It is, therefore, a note-book, containing the concentrated results of years of study. Of the twenty books of his work, all have come down to us excepting the eighth. There is no attempt made to classify the contents, but it is a miscellaneous

THE ACROPOLIS OF ATHENS.

collection of quotations, discussions, and dissertations on a great variety of subjects, mainly grammar, philosophy, history, and biography.

Noctes Atticae has a fourfold value:

a. As a story book. Gellius says that one object of his book was to entertain his children. It is therefore written in a popular vein, and contains but little that is abstruse or technical.

b. As a source of information. Gellius gives much interesting information on a great variety of subjects which, but for him, would never have been so clearly understood.

c. As giving quotations from authors no longer extant. It is in this respect that *Noctes Atticae* is peculiarly valuable.

d. As a biographer of prominent writers. In this field Gellius has done much, *e.g.*, nearly all we know about Plautus is from this source.

The style of *Noctes Atticae* is good in general, but it is marred by an affectation towards out-of-the-way and obsolete words and phrases. Gellius here is simply following the literary fashion of his day. It is this same love of the archaic that causes him to ignore the Roman writers that lived nearest to his own time. He scarcely mentions the writers of the Augustan age, but speaks in the highest terms of Plautus, Ennius, Cato, and other early writers, and quotes from them constantly.

I, 14.

110. Quid dīxerit fēceritque C. Fabricius[1], māgnā vir glōriā māgnīsque rēbus gestīs, sed familiae[2] pecūniaeque inops, cum eī Samnītēs[3] tamquam[4] indigentī [5]grave aurum dōnārent.

5 Iūlius Hygīnus[6] in librō Dē Vītā Rēbusque Inlūstrium Virōrum sextō lēgātōs dīcit ā Samnītibus ad C. Fabricium, imperātōrem populī Rōmānī, vēnisse et memorātīs[7] multīs māgnīsque rēbus, quae bene āc benevolē, post redditam pācem Samnītibus, fēcisset, obtulisse dōnō grandem pe-
10 cūniam ōrāsseque utī acciperet ūterēturque, atque id facere Samnītēs dīxisse, quod vidērent multa ad splendōrem domūs atque vīctūs[8] dēfierī[9] neque prō[10] amplitūdine dignitāteque lautum[11] parātum[12] esse. Tum Fabricium [13]plānās manūs ab auribus ad oculōs et īnfrā[14] deinceps
15 ad nārēs et ad ōs et ad gulam atque inde porrō ad ventrem īmum dēdūxisse et lēgātīs ita respondisse: dum illīs

N.B. The notes on these selections contain occasional questions on word-formation. It is taken for granted that students have followed the suggestion made in the Introduction (III, A, *b*) before reaching this point.

1. A typical Roman of the old style, famous for his integrity. He was three times consul.
2. *reī familiāris, property.*
3. The people of Samnium.
4. *velutī, sīcut, quasi.*
5. Par. *māgnum aurī pondus.*
6. A freedman of Augustus by whom he was placed in charge of the Palatine library. He wrote many books, all of which are lost.

7. *nārrātīs.*
8. *vīctus* includes all that has to do with the manner of living.
9. *dēficī, deesse.*
10. *in proportion to.*
11. *ēlegantem, sūmptuōsum.*
12. *apparātum = furnishing, outfit.*
13. *palms.*
14. Ant. *suprā.*

omnibus membrīs, quae attigisset, obsistere atque imperāre posset, numquam quicquam dēfutūrum ; proptereā[1] sē pecūniam, [2]quā nihil[3] sibi esset ūsus, ab hīs quibus eam scīret ūsuī esse, nōn accipere.

1. *quam ob rem.*
2. With *ūsus*, signifying *need*,
3. acc. of spec.

which takes the ablative ; A. & G. 243, *e* ; H. 414, IV.

I, 17.

111. Quantā cum animī aequitāte tolerāverit Sōcratēs uxōris ingenium intractābile; [1]atque inibī, quid M. Varrō[2] in quādam saturā dē officiō marītī[3] scrīpserit.

Xanthippē, Sōcratis philosophī uxor, mōrōsa admodum[4] fuisse fertur et iūrgiōsa[5], īrārumque et molestiārum muliebrium per diem perque noctem scatēbat[6]. [7]Hās ēius intemperiēs in marītum Alcibiadēs dēmīrātus, interrogāvit Sōcratēn quaenam ratiō esset cur mulierem tam acerbam domō nōn exigeret[8]. "Quoniam," inquit Sōcratēs, "cum illam domī tālem perpetior[9], īnsuēscō et exerceor[10] ut cēterōrum quoque forīs[11] petulantiam et iniūriam facilius feram."

1. *and in this connection.*
2. M. Terentius Varro, the famous Roman antiquarian, born 116 B.C., whose profound and varied learning earned for him the title of the " most learned of the Romans." He wrote four hundred and ninety books, but of these only two works have come down to us, one in a mutilated form.
3. *coniugis, virī.*
4. *valdē, vehementer.*
5. cf. *iūrgium = a quarrel.*
6. *overflowed with, was full of.*
7. *Alcibiades, wondering at these outbreaks of hers against her husband.*
8. *expelleret, ēiceret.*
9. *perferō, tolerō.*
10. *exerceor = exerceō mē.*
11. *forīs,* adv. *= out of doors.*

¹Secundum hanc sententiam quoque Varrō in saturā Menippeā, quam dē officiō marītī scrīpsit: "Vitium," inquit, "uxōris aut ²tollendum aut ferendum est. Quī tollit vitium³, uxōrem commodiōrem⁴ praestat⁵; quī fert,
5 sēsē meliōrem facit." Haec verba Varrōnis 'tollere' et 'ferre' lepidē⁶ quidem composita sunt, sed 'tollere' appāret dictum prō 'corrigere.' Id etiam appāret, ēiusmodī vitium uxōris, sī corrigī nōn possit, ferendum esse Varrōnem cēnsuisse⁷, quod ferrī scīlicet ā virō honestē potest;
10 ⁸vitia enim flāgitiīs leviōra sunt.

1. Par. *ex hāc sententiā.*
2. *cured or endured.*
3. *culpam.*
4. *faciliōrem, moderātiōrem.*
5. *facit.*
6. *ēleganter, aptē.*
7. *putāvisse.*
8. *for defects are easier to endure (leviōra) than shameful disgraces (flāgitiīs).*

I, 19.

112. Historia super librīs Sibyllīnīs¹ āc dē Tarquiniō Superbō rēge.

In antīquīs annālibus² memoria super librīs Sibyllīnīs haec prōdita³ est: Anus⁴ hospita atque incōgnita ad Tar-
15 quinium Superbum rēgem adiit, novem librōs ferēns, quōs esse dīcēbat dīvīna ōrācula; eōs sē velle ⁵vēnum

1. These were prophecies probably derived from Cumae, a Greek city of Campania. They were written in Greek verse and kept in a stone chest in the temple of Jupiter Capitolinus. In 82 B.C. they were destroyed by fire, but again restored. Finally they were removed by Augustus, and placed in golden chests in the temple of Apollo on the Palatine.
2. The oldest historical records among the Romans were called *annālēs librī = year books;* they were written on whitened boards.
3. *nārrāta, scrīpta.*
4. *an old woman.*
5. *to sell.*

dare. Tarquinius pretium percontātus est¹. Mulier ²nimium atque immēnsum popōscit: rēx, quasi³ anus aetāte dēsiperet, dērīsit. Tum illa foculum⁴ cōram cum ignī appōnit, trēs librōs ex novem deūrit⁵ et, ecquid⁶ reliquōs sex eōdem pretiō emere vellet, rēgem interrogā- 5
vit. Sed enim⁷ Tarquinius id multō rīsit magis dīxitque anum iam procul⁸ dubiō dēlīrāre⁹. Mulier ibīdem statim trēs aliōs librōs exussit¹⁰ atque id ipsum dēnuō¹¹ placidē rogat, ut trēs reliquōs eōdem illō pretiō emat. Tarquinius ōre iam sēriō atque attentiōre animō fit, eam cōnstantiam 10
cōnfīdentiamque ¹²nōn īnsuper habendam intellegit; librōs trēs reliquōs mercātur nihilō minōre pretiō quam quod erat petītum prō omnibus. ¹³Sed eam mulierem tunc ā Tarquiniō dīgressam posteā ¹⁴nūsquam locī vīsam cōnstitit. Librī trēs, in sacrārium conditī, 'Sibyllīnī' appellātī. Ad 15
eōs, quasi ad ōrāculum, Quīndecim virī adeunt, cum dī immortālēs pūblicē cōnsulendī sunt.

1. *dīligenter quaesīvit.*
2. sc. *pretium*, tr. *the woman asked an excessive and in fact (atque) enormous price.*
3. *tamquam*, cf. p. 108, l. 3.
4. *brazier.*
5. *cremat, incendit.*
6. *num.*
7. *profectō, quidem.*
8. *sine.*
9. *īnsānīre.*
10. cf. *deūrit* above.
11. *dē novō.*
12. *nōn neglegendam, nōn dēspiciendam.*
13. *Sed eam mulierem ... cōnstitit.* Note the emphatic order. Tr. *But as for that woman it is agreed*, etc.
14. Par. *nūllō locō.* · *locī* is partitive genitive with *nūsquam.*

I, 23.

113. Quis fuerit Papīrius Praetextātus; quae istīus causa cōgnōmentī sit; historiaque ista omnis super eōdem Papīriō cōgnitū[1] iūcunda.

Historia dē Papīriō Praetextātō dicta scrīptaque est
ā M. Catōne[2] in ōrātiōne quā ūsus est ad mīlitēs contrā Galbam[3], cum multā quidem venustāte atque lūce atque munditiā[4] verbōrum. [5]Ea Catōnis verba huic prōrsus commentāriō indidissem, sī librī cōpia fuisset id temporis cum haec dictāvī. Quod sī nōn virtūtēs dīgnitātēsque verbōrum, sed rem ipsam scīre quaeris, rēs fermē ad hunc modum est: Mōs anteā senātōribus Rōmae fuit in cūriam cum praetextātīs[6] fīliīs introīre. Tum, cum in senātū rēs māior quaepiam[7] cōnsultāta eaque in diem posterum prōlāta[8] est, [9]placuitque ut eam rem, super quā tractāvissent, nē quis ēnūntiāret priusquam dēcrēta esset, māter Papīrī puerī, quī cum parente suō in cūriā fuerat, percontāta est[10] fīlium quidnam in senātū patrēs ēgissent.

1. Supine depending on *iū-cunda*.
2. See introduction to selections **88-100**.
3. Servius Sulpicius Galba was praetor 151 B.C., and received Spain as his province. He was tried for cruelty to the Lusitanians, and was denounced in the strongest terms by Cato, who was then eighty-five years old.
4. *ēlegantiā*.
5. *These words of Cato I should have inserted right in this note-book, if I had had access to the book at just the time when I dictated them.*
6. *wearing the praetexta*, i.e. the toga with a purple border worn by children.
7. *aliqua*.
8. *prōrogāta*.
9. Or. *placuitque (ut) nē quis ēnūntiāret eam rem super* (= *dē*) *quā tractāvissent*.
10. cf. p. 111, l. 1.

Puer respondit tacendum esse neque id dicī licēre. Mulier fit audiendī cupidior; sēcrētum[1] reī et silentium puerī animum ēius ad inquīrendum ēverberat[2]: quaerit igitur compressius[3] violentiusque. Tum puer mātre urgente [4]lepidī atque fēstīvī mendācī cōnsilium capit. 5 Āctum[5] in senātū dīxit utrum[6] vidērētur ūtilius [7]exque rē pūblicā esse, [8]ūnusne ut duās uxōrēs habēret, an ut ūna apud duōs nūpta esset. Hōc illa ubi audīvit, animus compavēscit[9], domō trepidāns ēgreditur, ad cēterās mātrōnās [adfert[10]]. Pervenit ad senātum postrīdiē 10 mātrum familiās caterva[11]. Lacrimantēs atque obsecrantēs ōrant [12]ūna potius ut duōbus[13] nūpta fieret quam ut ūnī[13] duae. Senātōrēs ingredientēs in cūriam, quae illa mulierum intemperiēs et quid [14]sibi postulātiō istaec vellet, mīrābantur. Puer Papīrius in medium cūriae prō- 15 gressus, [15]quid māter audīre īnstitisset[16], quid ipse mātrī dīxisset, rem, sīcut fuerat, dēnārrat. Senātus fidem atque ingenium puerī exōsculātur[17], cōnsultum facit [18]utī posthāc puerī cum patribus in cūriam nē introeant, praeter[19]

1. *mystery.*
2. *stimulat, urget.*
3. *vehementius.*
4. *neat and humorous.*
5. sc. *esse.*
6. *which (of two).*
7. See idioms.
8. *whether that one should have . . .*
9. *timet, metuit.*
10. *carries the news.*
11. *multitūdō.*
12. Or. *ut ūna potius duōbus,* etc.

13. The verb *nūbere, to marry,* regularly governs the dative.
14. *sibi . . . vellet,* lit. *wished for itself = meant.*
15. The *quid* clauses are in apposition with *rem,* the object of *dēnārrat.*
16. From *īnsistō,* cf. Eng. *insist.*
17. *valdē laudat.*
18. *utī . . . nē = nē,* cf. p. 112, n. 9, above.
19. Adv. = *except.*

ille ūnus Papīrius, atque puerō posteā cōgnōmentum honōris grātiā inditum[1] 'Praetextātus' ob tacendī loquendīque in aetāte praetextae prūdentiam.

1. *impositum.*

I, 24.

114. Tria epigrammata trium veterum poētārum, Naevī[1], Plautī[2], Pācuvī[3], quae facta ab ipsīs sepulcrīs[4] eōrum incīsa sunt.

Trium poētārum inlustrium epigrammata, Cn. Naevī, Plautī, M. Pācuvī, quae ipsī fēcērunt et incīdenda sepulcrō suō relīquērunt, [5]nōbilitātis eōrum grātiā et venustātis scrībenda in hīs commentāriīs esse dūxī.

Epigramma Naevī plēnum superbiae Campānae[6], quod testimōnium esse iūstum potuisset, nisi ab ipsō dictum esset :

Immortālēs mortālēs sī foret fās flēre,
Flērent dīvae Camēnae[7] Naevium poētam.

1. Cn. Naevius, 270–204 B.C., a famous epic and dramatic poet. Of his epic poem on the First Punic War a few fragments still remain. It was extensively copied by later writers, especially by Vergil. His plays were very popular even in the Augustan age.

2. T. Maccius Plautus, born about 254 B.C., was the most celebrated comic poet of Rome. We still possess twenty of his plays.

3. M. Pacuvius, one of the early Roman tragedians, was born about 220 B.C. He was equally famous as a painter and as a writer. A few fragments of his plays are extant.

4. dat. after *incīsa.*

5. Or. *dūxī* (= *habuī*) *scrībenda esse in hīs commentāriīs nōbilitātis eōrum grātiā* (= *on account of*) *et venustātis.*

6. *Campanian.* Naevius was born there.

7. *Mūsae.*

Itaque ¹postquam est Orchī trāditus thēsaurō,
Oblītī sunt Rōmae loquier² linguā Latīnā.³
Epigramma Plautī, quod dubitāssēmus an⁴ Plautī foret,
nisi ā M. Varrōne⁵ positum esset in librō Dē Poētīs
primō :   5
⁶Postquam est mortem aptus Plautus, Cōmoedia lūget⁷,
Scaena est dēserta, dein Rīsus, Lūdus Iocusque,
Et ⁸Numerī innumerī simul omnēs conlacrimārunt.
Epigramma Pācuvī verēcundissimum⁹ et pūrissimum
dīgnumque ēius ēlegantissimā gravitāte :   10
Adulēscēns, tametsī properās, 'tē hōc saxum rogat
Vt sēsē aspiciās, deinde quod scrīptum est legās.
Hīc sunt poētae Pācuvī Marcī sita
Ossa. Hōc¹⁰ volēbam nescius nē essēs. Valē.

1. Par. *postquam Plūtōnis domum abiit.*
2. Old form for *loquī = how to speak.*
3. Note the meter of this epigram, as also of the third. It is known as the saturnian, a native Italian meter antedating the hexameter.
4. *num, sī.*

5. See 111, n. 2.
6. Par. *Postquam Plautus mortuus est.*
7. Ant. *gaudet.*
8. *Measures without number.*
9. *modestissimum;* ant. *impudentissimum.*
10. The object of *nescius essēs*, which equals *nescīrēs.*

II, 1.

115. Quō genere solitus sit philosophus Sōcratēs exercēre   15
¹patientiam corporis; dēque ēiusdem virī temperantiā.

Inter labōrēs voluntāriōs et exercitia ²corporis ³ad fortuītās patientiae vicēs fīrmandī, id quoque accēpimus

1. *physical endurance.*
2. *corporis fīrmandī,* objective genitive.
3. *for unexpected duties requiring endurance.*

Sōcratēn facere īnsuēvisse[1]: stāre solitus Sōcratēs dīcitur pertinācī statū, [2]perdius atque pernox, [3]ā summō lūcis ortū ad sōlem alterum orientem, incōnīvēns[4], immōbilis, eīsdem in vestīgiīs, et ōre atque oculīs eundem in locum
5 dīrēctīs, cōgitābundus[5], tamquam quōdam sēcessū[6] mentis atque animī factō ā corpore. Quam rem cum Favōrīnus[7], dē fortitūdine ēius virī [8]ut plēraque disserēns, attigisset[9], [10]'πολλάκις' inquit 'ἐξ ἡλίου εἰς ἥλιον εἱστήκει ἀστραβέστερος τῶν πρέμνων'.
10 Temperantiā quoque fuisse eum tantā trāditum est ut omnia ferē vītae suae tempora [11]valētūdine inoffēnsā vīxerit. In illīus etiam pestilentiae vāstitāte quae in bellī Peloponnēnsiacī prīncipiō Athēniēnsium cīvitātem internecīvō[12] genere morbī dēpopulāta est, is [13]parcendī mode-
15 randīque ratiōnibus dīcitur [14]et ā voluptātum lābe cāvisse et salūbritātēs[15] corporis retinuisse, ut nēquāquam[16] fuerit commūnī omnium clādī obnoxius[17].

1. *solitum esse.*
2. Par. *per diem atque per noctem.*
3. Par. *ā prīmā lūce.* summō = *prīmō.*
4. *sine somnō, vigil.*
5. *cōgitāns, dēlīberābundus.*
6. *discessū.*
7. A famous philosopher and sophist of the reign of Hadrian.
8. *discussing in his usual vein.*
9. *commemorāsset, tractāsset.*
10. *often he stood, stiffer than the trees, from sun to sun.*
11. *sine morbō, sānus.*
12. *gravī, fūnestō.*
13. *by means of care and self-restraint.*
14. *both to have secured himself against the ruinous effect of sensual pleasures.*
15. *sānitātem, bonam valētūdinem.*
16. *minimē.*
17. *expositus, subiectus.*

II, 28.

116. Nōn esse compertum[1] cui deō [2]rem divīnam fierī oporteat, cum terra movet.

Quaenam esse causa videātur quam ob rem terrae tremōrēs fīant, [3]nōn modo hīs commūnibus hominum sēnsibus opīniōnibusque compertum[4], sed nē inter physicās 5
quidem philosophiās [5]satis cōnstitit ventōrumne vī accidant specūs[6] hiātūsque[7] terrae subeuntium an aquārum subter in terrārum cavīs undantium pulsibus fluctibusque, ita utī videntur exīstimāsse antīquissimī Graecōrum, quī Neptūnum ' σεισίχθονα '[8] appellāvērunt, an cūius[9] aliae[10] reī 10
causā alterīusve[11] deī vī āc nūmine, nōndum etiam, sīcutī dīximus, prō certō crēditum. Proptereā veterēs Rōmānī, cum[12] in omnibus aliīs vītae officiīs, tum in cōnstituendīs religiōnibus atque in dīs immortālibus animadvertendīs castissimī[13] cautissimīque, ubi terram mōvisse sēnserant 15
nūntiātumve erat, fēriās[14] ēius reī causā ēdictō[15] imperābant, sed deī nōmen, ita utī solet, cui servārī fēriās oportēret, statuere et ēdīcere quiēscēbant[16], nē, alium prō aliō nōminandō, falsā religiōne populum adligārent[17]. Eās

1. *cōgnitum, intellēctum.*
2. *sacrum, sacrificium.*
3. Remember that when *nōn modo* is followed by *sed nē ... quidem*, the English idiom requires a second negative in the first clause.
4. sc. *est.*
5. See idioms.
6. *cavernās, antra.*
7. *clefts, chasms.*
8. *earth-shaker.*
9. The indefinite = *some.*
10. *alīus.*
11. *alīus.*
12. *cum ... tum* = *not only ... but especially.*
13. *piissimī.*
14. *holidays.*
15. abl. of means.
16. *they refrained from.*
17. Ant. *solverent.*

fēriās si quis polluisset[1] piāculōque[2] ob hanc rem opus esset, hostiam[3] 'sī deō, sī deae' immolābant, idque ita ex dēcrētō pontificum observātum esse M. Varrō[4] dicit, quoniam et quā vī et per quem deōrum deārumve terra tremeret incertum esset.

Sed dē lūnae sōlisque dēfectiōnibus[5], nōn minus in ēius reī causā reperiendā sēsē exercuērunt. Quippe[6] M. Catō[7], vir in cōgnōscendīs rēbus multī studī[8], incertē tamen et incūriōsē[9] super eā rē opīnātus est. Verba Catōnis ex Orīginum quartō[10] haec sunt: "[11]Nōn libet scrībere quod [12]in tabulā āpud pontificem māximum est, quotiēns annōna[13] cāra fuerit, quotiēns lūnae aut sōlis lūminī cālīgō[14] aut quid obstiterit." Ūsque adeō parvī fēcit ratiōnēs vērās sōlis et lūnae dēficientium vel scīre vel dīcere.

1. *contāmināsset.*
2. abl. after *opus = need*, cf. *ūsus*, p. 109, l. 3.
3. *vīctimam.*
4. See **111**, n. 2.
5. *eclipses.*
6. *nam.*
7. See pp. 88–97.
8. Descriptive genitive with *vir.*
9. *indifferently.*
10. sc. *librō.*
11. *I am not disposed.*
12. This refers to the record of events kept at the house of the high priest.
13. *provisions.*
14. *mist.*

III, 4.

117. ¹Quod P. Āfricānō et aliīs tunc virīs nōbilibus ante ²aetātem senectam barbam et genās³ rādere mōs patrius fuit.

In librīs quōs dē vītā P. Scīpiōnis Āfricānī compositōs legimus, scrīptum esse animadvertimus, P. Scīpiōnī⁴ Paulī 5 fīliō, postquam dē Poenīs triumphāverat cēnsorque fuerat, ⁵diem dictum esse ad⁶ populum ā Claudiō Asellō, tribūnō plēbis, cuī⁷ equum in cēnsūrā adēmerat, eumque, cum esset reus⁸, neque barbam dēsisse⁹ rādī neque nōn candidā veste ūtī neque fuisse cultū¹⁰ solitō reōrum. Sed 10 cum in eō tempore Scīpiōnem minōrem quadrāgintā annōrum fuisse cōnstāret, quod dē barbā rāsā ita scrīptum esset mīrābāmur. Comperimus autem cēterōs quoque in eīsdem temporibus nōbilēs virōs barbam ¹¹in ēiusmodī aetāte rāsitāvisse¹², idcircōque plērāsque imāginēs vete- 15 rum, nōn admodum senum, sed in mediō aetātis, ita factās vidēmus.

1. The Romans in early times wore the beard long. Barbers were introduced 300 B.C., and Pliny says that Scipio Africanus Major was the first Roman who was shaved every day. The custom soon became general. In times of mourning or trouble the beard was allowed to grow.
2. *aetātem senectam = senectūtem*.
3. *cheeks*.
4. Indirect object of *dictum esse*.
5. See idioms.
6. *apud*.
7. See Introduction IV, 16, 3, c.
8. *a defendant, under arrest*.
9. From *dēsinō*, cf. *cessāre*, *fīnem facere*.
10. *cultus = vestītus et ōrnāmentum corporis*.
11. *at this age*, i.e. at about forty.
12. Frequentative of *rādō*, post-Augustan and very rare.

III, 8.

118. Litterae eximiae¹ cōnsulum C. Fabricī² et Q. Aemilī ad rēgem Pyrrhum³ ā Q. Claudiō⁴ scrīptōre historiārum in memoriam datae.

Cum Pyrrhus rēx in terrā Ītaliā esset et ⁵ūnam atque alteram pūgnās prōsperē pūgnāsset ⁶satisque agerent Rōmānī et ⁷plēraque Ītalia ad rēgem dēscīvisset⁸, tum Ambraciēnsis⁹ quispiam Tīmocharēs, rēgis Pyrrhī amīcus, ad C. Fabricium cōnsulem fūrtim vēnit āc praemium petīvit et, sī dē praemiō convenīret¹⁰, prōmīsit rēgem venēnīs necāre, idque facile esse factū dīxit, quoniam fīlius suus pōcula in convīviō rēgī ministrāret. Eam rem Fabricius ad senātum scrīpsit. Senātus ad rēgem lēgātōs mīsit mandāvitque¹¹ ut dē Tīmochare nihil prōderent, sed monērent utī rēx circumspectius ageret atque ā proximōrum īnsidiīs salūtem tūtārētur.¹² Hōc ita, utī dīximus, in ¹³Valerī Antiātis historiā scrīptum est. Quadrīgārius autem in librō tertiō nōn Tīmocharem, sed Nīciam adīsse

1. *ēgregiae.*
2. See selection **110**, n. 1. This consulship was in 278 B.C.
3. The brave and noble king of Epirus who crossed into Italy and fought against the Romans, 280–274 B.C.
4. Q. Claudius Quadrigarius, 100–78 B.C., wrote a history of Rome. Gellius seems to have thought more of him as a historian than other writers.
5. See idioms.
6. *had all they could do.*
7. *māxima pars Ītaliae.*
8. *dēfēcisset*, cf. Eng. *defection.*
9. Ambracia is a town in Epirus. What does the ending *-ēnsis* denote?
10. *if an agreement were made.*
11. *imperāvit.*
12. *dēfenderet.*
13. Q. Valerius Antias flourished about 80 B.C. Livy calls him the most mendacious of all the annalists.

ad cōnsulem scrīpsit, ¹neque lēgātōs ā senātū missōs sed
ā cōnsulibus, et Pyrrhum populō Rōmānō laudēs atque
grātiās scrīpsisse captīvōsque omnēs quōs tum habuit,
vestīvisse et reddidisse.

Cōnsulēs tum fuērunt C. Fabricius et Q. Aemilius. 5
Litterās quās ad rēgem Pyrrhum super eā causā mīsērunt, Claudius Quadrīgārius scrīpsit fuisse hōc exemplō²:
"Cōnsulēs Rōmānī ³salūtem dīcunt Pyrrhō rēgī. Nōs
prō tuīs iniūriīs continuīs ⁴animō tenus commōtī inimī-
citer tēcum bellāre⁵ studēmus. Sed commūnis exemplī 10
et fideī ergō⁶ vīsum⁷ ut tē salvum velīmus, ⁸ut esset
quem armīs vincere possēmus. Ad nōs vēnit Nīciās,
familiāris tuus, quī sibi praemium ā nōbīs peteret, sī tē
clam interfēcisset⁹. Id nōs negāvimus velle, nēve¹⁰ ob
eam rem quicquam commodī exspectāret, et simul¹¹ vīsum 15
est ut tē ¹²certiōrem facerēmus, nē quid¹³ ēiusmodī, sī
accidisset, nostrō cōnsiliō cīvitātēs putārent factum, et
quod nōbīs nōn placet pretiō aut praemiō aut dolīs pūgnāre. Tū, nisi cavēs, iacēbis¹⁴."

1. Or. *et lēgātōs missōs* (*esse*) *nōn ā senātū sed ā cōnsulibus*.
2. *sententiā*.
3. See idioms.
4. *moved to the heart. tenus* always follows its case.
5. Par. *bellum gerere*.
6. *causā*.
7. sc. *est, it has seemed right.*
8. *that there might be one.*
9. What tense in direct discourse?
10. *neve = et nē. nē . . . exspectāret = nōlī exspectāre* of direct discourse.
11. *eōdem tempore*.
12. See idioms.
13. Subject of *factum* (*esse*).
14. Par. *mortuus eris*.

119.

¹Exstāre in litterīs perque hominum memoriās trāditum² quod repente multīs mortem attulit gaudium³ ingēns īnspērātum, ⁴interclūsā animā et vim māgnī novīque mōtūs nōn sustinente.

Cōgnitō repente īnspērātō gaudiō exspīrāsse animam⁵ refert Aristotelēs⁶ philosophus Polycritam, nōbilem fēminam ⁷Naxō īnsulā. Philippidēs⁸ quoque, cōmoediārum poēta haud īgnōbilis, ⁹aetāte iam ēditā, cum in certāmine poētārum praeter spem vīcisset et laetissimē gaudēret, inter illud gaudium repente mortuus est. Dē Rhodiō etiam Diagorā celebrāta historia est. Is Diagorās trēs fīliōs adulēscentēs habuit, ūnum pugilem¹⁰, alterum pancratiastēn¹¹, tertium luctātōrem¹². Eōs omnīs vīdit vincere corōnārīque Olympiae¹³ eōdem diē et, cum ibi eum trēs adulēscentēs amplexī corōnīs suīs in caput patris positīs sāviārentur¹⁴, cum populus grātulābundus¹⁵ flōrēs undique

1. *That there appears in documents and has been handed down by the traditions of men the story that.*
2. sc. *esse.*
3. The subject.
4. *since their breath was stifled.*
5. Object of *exspīrāsse.*
6. The learned and distinguished philosopher, born 384 B.C.
7. Locative ablative.
8. A prominent writer of the New Comedy. He flourished about 323 B.C.
9. Par. *in senectūte.*
10. *boxer.*
11. The pancratium was an athletic contest combining the best arts of wrestling and boxing. One engaging in such a contest might be called an 'all-round athlete.'
12. *wrestler.*
13. The famous spot in Elis where the Olympic games were held.
14. *ōsculārentur.*
15. What is the force of the suffix *-bundus?*

in eum iaceret, ibīdem in stadiō¹, īnspectante populō, in
ōsculīs atque in manibus fīliōrum, ²animam efflāvit.

Praetereā in nostrīs annālibus scrīptum lēgimus, ³quā
tempestāte apud Cannās⁴ exercitus populī Rōmānī caesus
est, anum⁵ mātrem nūntiō dē morte fīlī adlātō, lūctū atque 5
maerōre adfectam esse; sed is nūntius nōn vērus fuit atque
is adulēscēns nōn diū post ex eā pūgnā in urbem rediit;
anus, repente fīliō vīsō, cōpiā atque turbā ⁶et quasi ruīnā
incidentis inopīnātī⁷ gaudī oppressa exanimātaque est.

1. *stadium est locus in quō āthlētae certābant*.
2. Par. *mortuus est*.
3. Par. *illō tempore quō*.
4. Cannae, the little town in Apulia near which Hannibal
completely crushed a great Roman army, 216 B.C.
5. See p. 110, l. 14.
6. *and, as it were, storm*.
7. *imprōvīsī, subitī*.

IV, 8.

120. Quid C. Fabricius¹ dē Cornēliō Rūfīnō² homine avārō 10
dīxerit, quem, cum ōdisset inimīcusque esset, dēsignan-
dum³ tamen cōnsulem cūrāvit.

Fabricius Luscīnus māgnā glōriā vir māgnīsque rēbus
gestīs fuit. P. Cornēlius Rūfīnus manū quidem⁴ strēnuus
et bellātor bonus mīlitārisque disciplīnae ⁵perītus admo- 15
dum fuit, sed fūrāx⁶ homō et avāritiā ācrī erat. Hunc
Fabricius nōn probābat neque ⁷amīcō ūtēbātur ⁸ōsusque

1. See selection 110, n. 1.
2. Consul in 290 and 277 B.C.
3. *creandum*. The gerundive agreeing with the object is used with *cūrō* to express purpose.
4. See Introduction, III, C, *j*.
5. *perītus admodum = perītissimus*.
6. *fūr = a thief*. What is the force of the suffix *-āx*?
7. See idioms.
8. *ōsus ... fuit = ōderat*.

eum mōrum causā fuit. Sed cum in temporibus reī[1] difficillimīs cōnsulēs creandī forent[2] et is Rūfīnus peteret cōnsulātum competītōrēsque ēius essent imbellēs quīdam et futtilēs[3], summā ope[4] adnīxus est Fabricius utī Rūfīnō
5 cōnsulātus dēferrētur. Eam rem plērīsque admīrantibus, quod hominem avārum cui esset inimīcissimus, creārī cōnsulem peteret, "Mālō," inquit, "cīvis mē compīlet[5], quam hostis vēndat."

[6]Hunc Rūfīnum posteā bis cōnsulātū et dictātūrā func-
10 tum[7] cēnsor Fabricius senātū mōvit [8]ob lūxuriae notam, quod decem pondō[9] lībrās [10]argentī factī habēret. Id autem, quod suprā scrīpsī, Fabricium dē Cornēliō Rūfīnō ita, utī in plērāque historiā scrīptum est, dīxisse, M. Cicerō nōn aliīs ā Fabriciō, sed ipsī Rūfīnō, [11]grātiās
15 agentī quod ope ēius dēsīgnātus esset[12], dictum esse refert[13] in librō secundō Dē Ōrātōre.

1. sc. *pūblicae*.
2. *essent*.
3. *vānī, levēs*.
4. *potentiā*.
5. *rob*. sc. *ut;* so, too, with *vēndat*.
6. Or. *Fabricius cēnsor posteā mōvit hunc Rūfīnum, bis fūnctum cōnsulātū et dictātūrā, senātū ob*, etc.
7. *performed the duties of*.
8. *as a reproach for high living*.
9. *in weight*.
10. *argentī factī* = *silver plate*.
11. See idioms.
12. cf. p. 123, l. 11.
13. *nārrat*, subject is *Cicero*.

V, 2.

121. Super[1] equō Alexandrī rēgis, qui Būcephalās appellātus est.

Equus Alexandrī rēgis et capite et nōmine 'Būcepha-

1. *dē*.

lās[1]' fuit. Ēmptum[2] Charēs[3] scrīpsit talentīs[4] tredecim et
rēgī Philippō[5] dōnātum[2]; hōc autem [6]aeris nostrī summa
est sēstertia[7] trecenta duodecim. Super hōc equō dīgnum
memoriā vīsum[8] quod, ubi ōrnātus erat armātusque ad
proelium, [9]haud umquam īnscendī sēsē ab aliō nisi ab 5
rēge passus sit. Id etiam dē istō equō memorātum est,
quod[10], cum īnsidēns in eō Alexander bellō Indicō et
facinora[11] faciēns fortia, in hostium cuneum[12] nōn satis
sibi prōvidēns immīsisset, coniectīsque undique in Alexandrum tēlīs, [13]volneribus altīs in cervīce atque in latere 10
equus perfossus esset[14], moribundus[15] tamen āc prope iam
exsanguis ē mediīs hostibus rēgem vīvācissimō[16] cursū
rettulit atque, ubi eum extrā[17] tēla extulerat, [18]īlicō con-
cidit et [19]dominī iam superstitis sēcūrus quasi cum sēnsūs

1. A Greek compound meaning *ox-head*.
2. sc. *esse*. The subject is *equum* understood.
3. A court officer of Alexander, who wrote a history of his life.
4. A talent is a Grecian measure of value worth about $1080 in gold.
5. Father of Alexander and king of Macedon, 359-336 B.C.
6. *pecūniae nostrae*.
7. A *sēstertium* == one thousand *sēstertiī*, and a *sēstertius* = 4.1 cents.
8. sc. *est*.
9. *numquam*.
10. *quod* here, as above, introduces a statement of fact, and is translated by *that* and followed by the indicative. Gellius often uses this construction where the best writers would use the infinitive with subject accusative.
11. *gesta, facta*.
12. Literally a *wedge*, referring to the arrangement of the troops in that form.
13. abl. of means.
14. *had been pierced*.
15. What is the force of the suffix?
16. Ant. *tardissimō*.
17. Ant. *intrā*.
18. Par. *in ipsō tempore in terram dēcidit*.
19. *now assured of his master's safety*.

hūmānī sōlāciō[1] animam exspīrāvit. Tum rēx Alexander, partā ēius bellī victōriā, oppidum in eīsdem locīs condidit idque [2]ob equī honōrēs ' Būcephalon ' appellāvit.

   1. *satisfaction.*   2. Par. *ut equum honōrāret.*

V, 5.

122. Cūiusmodī iocō[1] incavillātus sit[2] Antiochum[3] rēgem Poenus Hannibal[4].

In librīs veterum memoriārum[5] scrīptum est Hannibalem Carthāginiēnsem [6]apud rēgem Antiochum facētissimē[7] cavillātum esse. Ea cavillātiō[8] hūiuscemodī fuit: ostendēbat eī Antiochus in campō cōpiās ingentīs quās bellum populō Rōmānō factūrus[9] comparāverat, convertēbatque exercitum īnsīgnibus argenteīs et aureīs flōrentem; indūcēbat etiam currūs cum falcibus[10] et elephantōs cum turribus equitātumque frēnīs, ephippiīs[11], monīlibus[12], phalerīs[13] praefulgentem[14]. Atque ibi rēx, contemplātiōne tantī āc tam ōrnātī exercitūs glōriābundus, Hannibalem aspicit et "Putāsne," inquit, "cōnferrī[15] posse āc satis

1. cf. Eng. *joke.*
2. *mocked, fooled.*
3. Antiochus the Great, king of Syria, 223–187 B.C.
4. The great general who for sixteen years defied the power of Rome. After his final defeat he fled for refuge to the court of Antiochus (195 B.C.), whom he persuaded to make war upon the Romans.
5. *historiārum.*

6. See idioms.
7. cf. Eng. derivative.
8. *iocus.*
9. Expresses purpose.
10. *scythes.*
11. *saddles.*
12. *necklaces.*
13. *breast decorations.*
14. *prae* in composition very often simply strengthens the meaning of the word; *praefulgēns* = *brilliantly shining.*

15. *be compared.*

esse Rōmānīs haec omnia?" Tum Poenus, ēlūdēns[1] ignāviam imbelliamque[2] mīlitum ēius pretiōsē[3] armātōrum : " Satis, plānē satis esse crēdō Rōmānīs haec omnia, etiam sī avārissimī sunt." Nihil prōrsum[4] neque[5] tam lepidē[6] neque tam acerbē dīcī potest : rēx dē numerō 5 exercitūs suī āc [7]dē aestimandā aequiperātiōne quaesīverat, respondit Hannibal dē praedā.

1. *sneering at.*
2. A post-Augustan word derived from *imbellis* = *nōn aptus bellō.*
3. *sūmptuōsē, ēleganter.*
4. *at all.*
5. Remember that a general negation is not destroyed by succeeding negatives, each introducing a separate subordinate member.
6. *neatly.*
7. *whether it could be considered on an equality.*

V, 9.

123. Historia de Croesī[1] filiō mūtō ex Hērodotī[2] librīs.

Fīlius Croesī rēgis, cum iam fārī [3]per aetātem posset, īnfāns erat et, cum iam multum adolēvisset, item nihil 10 fārī quībat[4]. Mūtus adeō[5] et ēlinguis[6] diū habitus est. [7]Cum in patrem ēius[8], bellō māgnō vīctum et urbe[9] in quā erat captā, hostis gladiō dēductō, rēgem esse īgnōrāns, invāderet[10], dīdūxit[11] adulēscēns ōs, clāmāre nītēns,

1. King of Lydia, 560–546 B.C. His name has become synonymous with boundless wealth.
2. The famous Greek historian known as the "father of history." He was born 484 B.C.
3. *so far as his age was concerned.*
4. *poterat.*
5. *indeed*, strengthens *mūtus.*
6. Note the etymology.
7. Or. *Cum hostis gladiō dēductō, rēgem esse īgnōrāns, in patrem ēius, bellō māgnō vīctum et urbe in quā erat captā, invāderet, adulēscēns ōs dīdūxit*, etc.
8. *ēius* refers to *adulēscēns.*
9. viz. Sardis.
10. *impetum faceret.*
11. Ant. *clausit.*

eōque nīsū[1] atque impetū spīritūs vitium[2] nōdumque linguae rūpit plānēque et articulātē ēlocūtus est, clāmāns in hostem nē rēx Croesus occiderētur. Tum et hostis gladium redūxit et rēx vītā dōnātus est et adulēscēns
5 loquī [3]prōrsum deinceps incēpit. Hērodotus in Historiīs hūius memoriae scrīptor est, ēiusque verba sunt quae prīma dīxisse fīlium Croesī refert[4]: ⁵"Ανθρωπε, μὴ κτεῖνε Κροῖσον.

Sed et quispiam[6] Samius[7] āthlēta, nōmen illī fuit
10 'Εχεκλοῦς[8], cum anteā nōn loquēns fuisset, ob similem dīcitur causam loquī coepisse. Nam cum in sacrō certāmine sortītiō[9] inter ipsōs et adversāriōs nōn bonā fidē fieret et sortem nōminis[10] falsam subicī[11] animadvertisset, repente in eum quī id faciēbat, vidēre sēsē quid faceret,
15 māgnum[12] inclāmāvit. Atque is ōris vinculō solūtus [13]per omne inde vītae tempus [14]nōn turbidē neque adhaesē locūtus est.

1. cōnātū.
2. impedīmentum.
3. right along thereafter.
4. nārrat.
5. Cavē, homō, nē Croesum occīdās.
6. quīdam.
7. Samos is a large island in the Aegean Sea.
8. Echeclūs.
9. a casting of lots (sortēs). The lots were usually bits of wood containing the names of the contestants.
10. gen. of specification depending on falsam, A. 218 c; H. 399, III, 1.
11. being substituted.
12. māgnā vōce.
13. Par. prōrsum deinceps, see l. 5.
14. Par. plānē et articulātē, cf. l. 2.

VI,

124. Historia dē Polō histriōne[1] memorātū dīgna.

Histriō in terrā Graeciā fuit fāmā celebrī, quī [2]gestūs et vōcis clāritūdine et venustāte cēterīs antistābat[3]: nōmen fuisse āiunt Polum, tragoediās poētārum nōbilium scītē atque adsevērātē[4] āctitāvit[5]. Is Polus ūnicē amātum fīlium morte āmīsit. Eum lūctum[6] quoniam satis vīsus 5
est ēlūxisse[7], rediit ad quaestum artis.

In eō tempore Athēnīs Ēlectram[8] Sophoclis[9] āctūrus, gestāre urnam quasi cum Orestī ossibus dēbēbat. [10]Ita compositum fābulae argūmentum est ut [11]velutī frātris reliquiās ferēns Ēlectra complōret commisereāturque [12]in- 10
teritum ēius exīstimātum. Igitur Polus, lūgubrī habitū Ēlectrae indūtus[13], ossa atque urnam ē sepulcrō tulit fīlī et, quasi Orestī amplexus, opplēvit omnia nōn simulācrīs neque imitāmentīs, sed lūctū atque lāmentīs [14]vērīs et spīrantibus. Itaque cum agī fābula vidērētur, [15]dolor 15
āctus est.

1. *actor.*
2. Or. *venustāte gestūs et clāritūdine vōcis.*
3. *praestābat, superior erat.*
4. *earnestly.*
5. What is the force of the suffix?
6. Ant. *gaudium.* For construction, see Introduction, IV, 16, 4, *c.*
7. *to have finished mourning over.*
8. In the play a funeral urn is brought to the heroine, Electra, which is supposed to contain the ashes of her brother Orestes.
9. The greatest of Greek tragedians, 495-406 B.C.
10. Or. *argūmentum fābulae ita compositum est.*
11. *velutī ... ferēns = believing that she is carrying.*
12. Par. *mortem ēius crēditam.*
13. *vestītus, amictus.*
14. The adjectives modify *lūctū* as well as *lāmentīs.*
15. *real sorrow.*

VI, 18.

125. Dē observātā custōdītāque apud Rōmānōs iūris iūrandī sānctimōniā; ²atque inibi dē decem captīvīs, quōs Rōmam Hannibal dēiūriō³ ab hīs acceptō lēgāvit⁴.

Iūs iūrandum apud Rōmānōs inviolātē sānctēque habitum servātumque est. Id et mōribus lēgibusque multīs ostenditur, et hōc quod dīcēmus eī reī nōn tenue argūmentum esse potest. Post proelium Cannēnse⁵ Hannibal, Carthāginiēnsium imperātor, ex captīvīs nostrīs ēlēctōs decem Rōmam mīsit mandāvitque eīs ⁶pactusque est ut, sī populō Rōmānō vidērētur, permūtātiō fieret captīvōrum et ⁷prō hīs quōs alterī plūrēs acciperent, darent argentī pondō lībram et sēlībram⁸. Hōc, priusquam proficīscerentur, iūs iūrandum eōs adēgit⁹, reditūrōs esse in castra Poenica, sī Rōmānī captīvōs nōn permūtārent.

Veniunt Rōmam decem captīvī. Mandātum Poenī imperātōris in senātū expōnunt. Permūtātiō senātuī nōn placita¹⁰. Parentēs, ¹¹cōgnātī adfīnēsque captīvōrum amplexī eōs, postlīminiō¹² in patriam redīsse dīcēbant sta-

1. Remember that a perfect participle is often best translated by a participial or verbal noun with *of*.
2. See **111**, n. 1.
3. Found only in Gellius = *iūre iūrandō*.
4. *lēgātōs mīsit*.
5. The battle of Cannae (216 B.C.), in which the Romans suffered a most disastrous defeat.
6. Par. *pactum fēcit*. cf. Eng. com-*pact*.
7. *in return for those whom* either party should receive in excess (*of the other*).
8. *a half-pound*.
9. *to bind some one by an oath* is usually expressed *iūre iūrandō aliquem adigere*, but here *adigō* takes two accusatives.
10. sc. *est*.
11. *kinsmen and relatives*.
12. *by the right of postliminium*. By this is meant the right to resume one's former place in civil affairs.

tumque eōrum integrum incolumemque esse, āc nē ad hostēs redīre vellent ōrābant. Tum octō ex hīs postlīminium iūstum nōn esse sibi respondērunt quoniam dēiūriō vinctī forent[1], statimque, uti iūrātī erant[2], ad Hannibalem profectī sunt. Duo reliquī Rōmae mānsē- 5 runt solūtōsque[3] esse sē āc līberātōs religiōne[4] dīcēbant, quoniam, cum ēgressī castra[5] hostium fuissent, commentīciō[6] cōnsiliō regressī eōdem[7], tamquam sī ob aliquam fortuītam causam, īssent atque ita iūre iūrandō satisfactō rūrsum iniūrātī[8] abīssent. Haec eōrum fraudulenta[9] 10 calliditās[10] tam esse turpis exīstimāta est, ut contemptī volgō[11] discerptīque[12] sint cēnsōrēsque eōs posteā omnium notārum[13] et damnīs et īgnōminiīs adfēcerint, quoniam [14]quod factūrōs dēierāverant nōn fēcissent.

1. *adāctī essent.*
2. A deponent verb.
3. Ant. *vinctōs.*
4. *iūre iūrandō.*
5. Object of *ēgressī fuissent,* which is used transitively.
6. *devised, false, preconcerted.*
7. An adv. = *in eundem locum.*
8. Ant. *iūrātī.*

9. What is the force of the suffix?
10. *cunning.*
11. Par. *ab omnibus.*
12. *reviled.*
13. *nota* = *sign* or *mark,* is here used of the mark against the name of a degraded citizen on the censor's list.

14. Par. *quod sē factūrōs esse pactī erant.*

VII, 17.

126. Quis omnium primus librōs pūblicē praebuerit[1] legendōs[2]; quantusque numerus fuerit Athēnīs [3]ante clādēs Persicās librōrum in bibliothēcīs pūblicīs.

Librōs Athēnīs disciplīnārum līberālium pūblicē ad
5 legendum praebendōs prīmus posuisse dīcitur Pīsistratus[4] tyrannus. Posteā studiōsius accūrātiusque ipsī Athēniēnsēs auxērunt[5]; sed omnem illam posteā librōrum cōpiam Xerxēs[6], Athēnārum potītus[7], urbe ipsā praeter arcem incēnsā, abstulit asportāvitque[8] in Persās.
10 Eōs porrō[9] librōs ūniversōs multīs post tempestātibus Seleucus[10] rēx, quī Nīcātor appellātus est, referendōs Athēnās cūrāvit[11].

Ingēns posteā numerus librōrum in Aegyptō ab Ptolemaeīs[12] rēgibus [13]vel conquīsītus vel cōnfectus est ad mīlia
15 fermē volūminum septingenta; sed ea omnia bellō priōre Alexandrīnō[14], dum dīripitur ea cīvitās, nōn sponte neque

1. *dederit*.
2. Remember that after verbs of giving, permitting, and the like, the gerundive in agreement with the object is used to express purpose.
3. Par. *ante bella Persica*.
4. Tyrant of Athens, 560–527 B.C. He adorned Athens with many beautiful public buildings and did much to encourage literature.
5. sc. *numerum librōrum* as object.
6. The famous invasion of Xerxes was in 480 B.C.

7. *potior* often takes the genitive.
8. For *abs-portāvit*.
9. *posteā, deinde*.
10. One of Alexander's generals and founder of the Syrian monarchy, reigned 312–280 B.C.
11. *cūrō* is used with the accusative and gerundive expressing purpose in the sense of to *see to, order*.
12. This applies especially to Ptolemy Soter (323–285 B.C.), and to his son Ptolemy Philadelphus (285–247 B.C.).
13. *either collected or made*.

14. 48–47 B.C.

operā cōnsultā, sed ā mīlitibus forte auxiliāribus incēnsa sunt[1].

1. The library was soon restored and continued in a flourishing condition until destroyed by the Arabs, 640 A.D.

IX, 3.

127. Epistula Philippī[1] rēgis ad Aristotelem[2] philosophum super Alexandrō[3] recēns[4] nātō.

Philippus, Amyntae[5] fīlius, terrae Macedoniae rēx, cūius virtūte industriāque Macetae[6], locuplētissimō[7] imperiō auctī, [8]gentium nātiōnumque multārum potīrī coeperant et cūius vim atque arma tōtī Graeciae [9]cavenda metuendaque inclutae[10] illae Dēmosthenis[11] ōrātiōnēs cōntiōnēsque[12] vōcificant[13], is Philippus, cum in omnī ferē tempore negōtiīs bellī victōriīsque adfectus exercitusque[14] esset, ā līberālī tamen Mūsā et ā studiīs hūmānitātis

1. See p. 125, l. 2.
2. See p. 122, l. 6. Alexander became the pupil of Aristotle and had the highest regard for him.
3. Alexander the Great (356–323 B.C.), the well-known conqueror of the world.
4. An adverb = *recenter*, *nūper*.
5. King of Macedon, 393–369 B.C.
6. *Macedonēs*.
7. *dītissimō*.
8. The genitives depend upon *potīrī*.
9. sc. *esse*. The participles agree with *vim atque arma*. The infinitives depend upon *vōcificant*.
10. *clārae*.
11. The reference is to the famous orations known as the Philippics and Olynthiacs, by means of which Demosthenes vainly strove to resist the aggressions of Philip.
12. *harangues*.
13. *dēmōnstrant, dēclārant*.
14. A perf. part. used as a predicate adjective = *vexātus*.

numquam āfuit quīn¹ ²lepidē cōmiterque plēraque et faceret et dīceret. Feruntur adeō³ librī epistulārum ēius, munditiae⁴ et venustātis et prūdentiae plēnārum, velut sunt illae litterae quibus Aristotelī philosophō nātum esse
5 sibi Alexandrum nūntiāvit.

Ea epistula, quoniam ⁵cūrae dīligentiaeque in līberōrum disciplīnās hortāmentum⁶ est, exscrībenda vīsa est ad commonendōs parentum animōs. Expōnenda⁷ est igitur ad hanc fermē sententiam :
10 " Philippus Aristotelī ⁸salūtem dīcit.

Fīlium mihi genitum scītō. Quod⁹ equidem dīs habeō grātiam¹⁰, nōn ¹¹proinde quia nātus est quam prō eō, quod nāscī contigit temporibus vītae tuae. Spērō enim fore ut, ēductus ērudītusque ā tē, dīgnus exsistat et nōbīs et
15 ¹²rērum istārum susceptiōne."

1. *ut nōn.*
2. *neatly and courteously.*
3. *vērō.*
4. *ēlegantiae.*
5. Objective genitives depending on *hortāmentum*.
6. What is the force of the suffix *-mentum ?*

7. *reddenda.* Philip naturally wrote in Greek.
8. See idioms.
9. acc. of specification, literally *as to which.*
10. See idioms.
11. *proinde ... quam = aequē* or *pariter ... āc.*
12. Par. *suī rēgnī.*

N. B. The remaining selections have for their purpose a final test of the ability to read at sight. They are not more difficult than those immediately preceding, but the accompanying notes contain no information bearing directly upon the translation.

X, 7.

128. Flūminum quae ūltrā imperium Rōmānum fluunt prīmā māgnitūdine esse Nīlum, secundā Histrum[1], proximā Rhodanum, sīcutī M. Varrōnem[2] meminī scrībere.

Omnium flūminum quae in maria, quā imperium Rōmānum est, fluunt, quam[3] Graecī [4]τὴν εἴσω θάλασσαν appellant, māximum esse Nīlum cōnsentītur. Proximā māgnitūdine esse Histrum scrīpsit Sallustius[5]. Varrō autem cum dē parte orbis quae Eurōpa dīcitur, dissereret, in tribus prīmīs ēius terrae flūminibus Rhodanum esse pōnit, per quod vidētur eum facere Histrō aemulum. Histros enim quoque in Eurōpā fluit.

1. The Danube.
2. See p. 109, l. 5.
3. The relative is here attracted to agree with θάλασσαν.
4. *The inner sea*, i.e. the Mediterranean.
5. C. Sallustius Crispus, the Roman historian, 86–34 B.C.

X, 10.

129. Quae ēius reī causa sit quod et Graecī veterēs et Rōmānī ānulum hōc digitō gestāverint quī est in manū sinistrā minimō proximus.

Veterēs Graecōs ānulum habuisse in digitō accēpimus sinistrae manūs quī minimō est proximus. Rōmānōs quoque hominēs āiunt sīc plērumque ānulīs ūsitātōs. Causam esse hūius reī Apiōn[1] in librīs Aegyptiacīs hanc

1. Apion, a Greek grammarian, was born in Egypt and studied at Alexandria. He taught rhetoric at Rome in the first century A.D. His work on Egypt was in five books.

dīcit, quod īnsectīs apertīsque hūmānīs corporibus, ut
mōs in Aegyptō fuit, quās Graecī ἀνατομὰς¹ appellant,
repertum est nervum quendam tenuissimum ab eō ūnō
digitō dē quō dīximus, ad cor hominis pergere āc per-
5 venīre ; proptereā nōn īnscītum vīsum esse eum potissi-
mum digitum tālī honōre decorandum, quī continēns et
quasi cōnexus esse cum prīncipātū cordis vidērētur.

1. *dissection.*

X, 27.

130. Historia dē populō Rōmānō dēque populō Poenicō, quod parī prope modum vigōre fuerint aemulī.

10 In litterīs veteribus memoria exstat quod pār quondam
fuit vigor et ācritūdō amplitūdōque populī Rōmānī atque
Poenī. Neque immeritō aestimātum. Cum aliīs quidem
populīs dē ūnīuscūiusque rē pūblicā, cum Poenīs autem
dē omnium terrārum imperiō dēcertātum.
15 Eius reī specimen est in illō utrīusque populī verbō
factōque : Q. Fabius¹, imperātor Rōmānus, dedit ad
Carthāginiēnsēs epistulam. Ibi scrīptum fuit populum
Rōmānum mīsisse ad eōs hastam et cādūceum², sīgna
duo bellī aut pācis, ex quīs³ utrum vellent ēligerent ;
20 quod ēlēgissent, id ūnum ut esse missum exīstimārent.
Carthāginiēnsēs respondērunt neutrum sēsē ēligere ; sed
posse, quī attulissent, utrum māllent relinquere ; quod
relīquissent, id sibi prō ēlēctō futūrum.

1. Quintus Fabius Maximus was most active against Hannibal in the Second Punic War. His extreme caution gave him the surname of Cunctator, or Delayer. He died 203 B.C.

2. The *caduceus* was a herald's staff, originally an olive branch, and hence a sign of peace.

3. A contraction for *quibus*.

M. autem Varrō[1] nōn hastam ipsam neque ipsum cādūceum missa dīcit, sed duās tesserulās, in quārum alterā cādūceum in alterā hastae simulācra fuerint incīsa.

1. See selection 111, n. 2.

XI, 14.

131. Sōbria et pulcherrima Rōmulī[1] rēgis respōnsiō circā vīnī ūsum.

Simplicissimā suāvitāte et reī et ōrātiōnis L. Pisō Frūgī[2] ūsus est in prīmō Annālī, cum dē Rōmulī rēgis vītā atque vīctū scrīberet. Ea verba quae scrīpsit haec sunt: Eundem Rōmulum dīcunt, ad cēnam vocātum, ibi nōn multum bibisse, quia postrīdiē negōtium habēret. Eī dīcunt: "Rōmule, sī istud omnēs hominēs faciant, vīnum vīlius sit." Hīs respondit: "Immō vērō cārum, sī quantum quisque volet bibat; nam egō bibī quantum voluī."

1. Romulus, the chief founder and first king of Rome, 753 B.C.
2. Lucius Piso, surnamed Frugi, or 'man of honor,' because of his integrity, was tribune 149 B.C. His Annals contained the history of Rome from the earliest period to his own age.

XII, 8.

132. Reditiōnēs in grātiam nōbilium virōrum memorātū dīgnae.

P. Āfricānus[1] superior et Tiberius Gracchus[2], Tiberī

1. This refers to Scipio Africanus Major, born 234 B.C. He was unquestionably one of the greatest men of Rome. His greatest exploit was his brilliant victory over Hannibal, 202 B.C. See pp. 69–87.
2. Tiberius Gracchus, a distinguished general who won renown in Spain and Sardinia. He was tribune, praetor, censor, and twice consul. His public life was embraced between the years 187 and 163 B.C.

et C. Gracchōrum[1] pater, rērum gestārum māgnitūdine et honōrum atque vītae dīgnitāte inlūstrēs virī, dissēnsērunt saepenumerō dē rē pūblicā et eā sīve quā aliā rē nōn amīcī fuērunt. Ea simultās cum diū mānsisset et
5 sollemnī diē epulum Iovī lībārētur atque ob id sacrificium senātus in Capitōliō epulārētur, fors fuit ut apud eandem mēnsam duo illī iūnctim locārentur. Tum, quasi diīs immortālibus arbitrīs in convīviō Iovis optimī māximī dexterās eōrum condūcentibus, repente amīcissimī factī.
10 Neque sōlum amīcitia incepta, sed adfīnitās simul īnstitūta; nam P. Scīpiō fīliam virginem habēns iam virō mātūram, ibi tunc eōdem in locō dēspondit eam Tiberiō Gracchō, quem probāverat ēlēgeratque explōrātissimō iūdicī tempore dum inimīcus esset.
15 Aemilius quoque Lepidus[2] et Fulvius Flaccus[3], nōbilī genere amplissimīsque honōribus āc summō locō in cīvitāte praeditī, odiō inter sēsē gravī et simultāte diūtinā cōnflīctātī sunt. Posteā populus eōs simul cēnsōrēs facit. Atque illī, ubi vōce praecōnis renūntiātī sunt, ibīdem in
20 Campō[4] statim, nōndum dīmissā cōntiōne, ūltrō uterque et parī voluntāte coniūnctī complexīque sunt, exque eō

1. These are the famous tribunes who gave their lives in a vain attempt to redress the wrongs of the people. Tiberius was killed by a mob, 133 B.C., Caius, 121 B.C.

2. A distinguished Roman who died 152 B.C., full of years and honors.

3. Gellius is mistaken in the man. It should be M. Fulvius Nobilior, who was censor with Lepidus, 179 B.C. Livy, the Roman historian, tells this story about them, Bk. XL, 45 and 46.

4. The Campus Martius, a large plain outside the city walls in the bend of the Tiber, northwest of the Capitoline. It was used for elections and large assemblies.

diē et in ipsā cēnsūrā et posteā iūgī concordiā fidissimē amīcissimēque vīxērunt.

XIII, 2.

133. Super poētārum Pācuvī[1] et Accī[2] conloquiō familiārī in oppidō Tarentīnō.

Quibus ōtium et studium fuit vītās atque aetātēs doc- 5
tōrum hominum quaerere āc memoriae trādere, dē M.
Pācuviō et L. Acciō tragicīs poētīs historiam scrīpsērunt
hūiuscemodī: "Cum Pācuvius," inquiunt, "grandī iam
aetāte et morbō corporis diūtinō adfectus, Tarentum[3]
ex urbe Rōmā concessisset, Accius tunc, haud parvō 10
iūnior, proficīscēns in Asiam, cum in oppidum vēnisset,
dēvertit ad Pācuvium cōmiterque invītātus plūsculīsque
ab eō diēbus retentus, tragoediam suam, cui Atreus
nōmen est, dēsīderantī lēgit." Tum Pācuvium dīxisse
āiunt sonōra quidem esse quae scrīpsisset, et grandia; 15
sed vidērī tamen ea sibi dūriōra paulum et acerbiōra.
"Ita est," inquit Accius, "utī dīcis; neque id mē sānē
paenitet: meliōra enim fore spērō quae posteā scrībam.
Nam quod in pōmīs, itidem," inquit, "esse āiunt in inge-
niīs; quae dūra et acerba nāscuntur, post fīunt mītia et 20
iūcunda; sed quae gīgnuntur statim viēta et mollia atque
in prīncipiō sunt ūvida, nōn mātūra mox fīunt, sed putria.

1. See p. 114, l. 5.
2. Lucius Accius, an early Roman tragic poet, was born 170 B.C. We possess only fragments of his tragedies, but they are spoken of in terms of admiration by the ancient writers.
3. A large city in southern Italy.

¹Relinquendum igitur vīsum est in ingeniō quod diēs atque aetās mītificet."

1. Dr. Knapp, in his edition of Gellius, aptly quotes as follows from a modern critic : " The young man whose essay shows nothing turgid, no ungraceful ornament or flashy rhetoric, will never do much as a writer."

XV, 16.

134. Dē novō genere interitūs Crotōniēnsis Milōnis.

Milō[1] Crotōniēnsis[2], āthlēta inlūstris, quem in Chronicīs scrīptum est [3]Olympiade LXII prīmum corōnātum esse, exitum habuit ē vītā miserandum et mīrandum. Cum iam nātū grandis artem āthlēticam dēsīsset iterque faceret forte sōlus in locīs Italiae silvestribus, quercum vīdit proximē viam patulīs in parte mediā rīmīs hiantem. Tum experīrī, crēdō, etiam tunc volēns, an ūllae sibi reliquae vīrēs adessent, immissīs in cavernās arboris digitīs, dīdūcere et rescindere quercum cōnātus est. Āc mediam quidem partem dīscidit dīvellitque; quercus autem in duās dīducta partīs, cum ille, quasi perfectō.

1. Milo was one of the most famous athletes of ancient times. He was six times victor in wrestling at the Olympic games and six times at the Pythian. His bodily strength was extraordinary, and many stories are told of his wonderful feats, such as carrying a heifer of four years old on his shoulder through the stadium at Olympia.

2. Croton, or Crotona, was one of the largest and most powerful towns in southern Italy. It owed much of its greatness to Pythagoras, the famous philosopher, who established his school here.

3. The Olympic games were first celebrated 776 B.C., and thereafter every fourth year. The intervening four years was called an Olympiad. The LXII Olympiad, therefore, would be the years 532–528 B.C.

quod erat cōnixus, manūs laxāsset, cessante vī rediit in
nātūram, manibusque ēius retentis inclūsīsque, stricta dē-
nuō et cohaesa dilacerandum hominem ferīs praebuit.

XV, 18.

135. **Quod pūgna[1] bellī cīvīlis victōriaque Gāī Caesaris
quam vīcit in Pharsāliīs campīs, nūntiāta praedictaque 5
est per cūiuspiam sacerdōtis vāticinium eōdem ipsō diē
in Ītaliā Patavī[2].**

Quō C. Caesar et Cn. Pompēius diē per cīvīle bellum
sīgnīs conlātīs in Thessaliā cōnflīxērunt, rēs accidit
Patavī in Trānspadāna Ītaliā memorārī dīgna. Cornē- 10
lius quīdam sacerdōs, et nōbilis et sacerdōtī religiōnibus
venerandus et castitāte vītae sānctus, repente [3]mōtā mente,
cōnspicere sē procul dīxit pūgnam ācerrimam pūgnārī, āc
deinde aliōs cēdere aliōs urgēre, caedem, fugam, tēla
volantia, īnstaurātiōnem pūgnae, impressiōnem, gemitūs, 15
volnera, proinde ut sī ipse in proeliō versārētur, cōram
vidēre sēsē vōciferātus est āc posteā subitō exclāmāvit
Caesarem vīcisse.

Ea Cornēlī sacerdōtis hariolātiō levis tum quidem vīsa
est et vēcors. Māgnae mox admīrātiōnī fuit quoniam 20
nōn modo pūgnae diēs quae in Thessaliā pūgnāta est,
neque proelī exitus quī erat praedictus, īdem fuit, sed
omnēs quoque pūgnandī vicissitūdinēs et ipsa exercituum

1. This refers to the battle of Pharsalia in Thessaly, 48 B.C., in which Caesar defeated Pompey and became master of the world.
2. Patavium, now Padua, was, under the Romans, the most important city in northern Italy.
3. The ancients believed that the minds of men could be moved or inspired by the gods to prophesy. This was called *vāticinium* or *hariolātiō*.

duōrum cōnflīctātiō vāticinantis mōtū atque verbīs repraesentāta est.

XVII, 17.

136. Mithradātem[1], Pontī rēgem, duārum et vīgintī gentium linguīs locūtum; Quīntumque Ennium[2] tria corda habēre sēsē dīxisse quod trīs linguās scīret, Graecam, Oscam, Latīnam.

Quīntus Ennius tria corda habēre sēsē dīcēbat quod loquī Graecē et Oscē et Latīnē scīret. Mithradātēs autem, [3]Pontī atque Bīthȳniae rēx inclutus, quī ā Cn. Pompēiō bellō superātus est, duārum et vīgintī gentium quās sub diciōne habuit, linguīs locūtus est eārumque omnium gentium cum virīs haud umquam per interpretem conlocūtus est, sed ut quemque ab eō appellārī ūsus fuit, proinde linguā et ōrātiōne ipsīus nōn minus scītē quam sī gentīlis ēius esset, locūtus est.

1. Mithradates, surnamed the Great, made three wars against the Romans. He was finally subdued by Pompey, 65 B.C. Cicero calls him the greatest of all kings after Alexander.

2. Ennius, 239–169 B.C., was regarded by the Romans as the father of their poetry. His most important work was an epic poem called the Annals, being a history of Rome. All his works are lost excepting a few fragments.

3. Pontus and Bithynia are provinces in Asia Minor.

XIX, 3.

137. Quod turpius est frīgidē laudārī quam acerbius vituperārī.

Turpius esse dīcēbat Favōrīnus[1] philosophus exiguē atque frīgidē laudārī quam īnsectanter et graviter vitupe-

1. One of Gellius' teachers, see p. 106.

rārī: "Quoniam," inquit, "quī maledīcit et vituperat, quantō id acerbius facit tantō magis ille prō inimīcō et inīquō dūcitur, et plērumque, proptereā, fidem nōn capit. Sed quī īnfēcundē atque iēiūnē laudat, dēstituī ā causā vidētur et [1]amīcus quidem crēditur ēius quem laudāre 5 volt, sed nihil posse reperīre quod iūre laudet."

1. cf. our expression, 'to damn a friend with faint praise.'

XX, 7.

138. Quam dīversae Graecōrum sententiae super numerō Niobae[1] filiōrum.

Mīra et prope adeō rīdicula dīversitās fābulae apud Graecōs poētās dēprēnditur super numerō Niobae fīliō- 10 rum. Nam Homērus[2] puerōs puellāsque ēius bis sēnōs dīcit fuisse, Eurīpidēs[3] bis septēnōs, Sapphō[4] bis novēnōs, Bacchylidēs[5] et Pindarus[6] bis dēnōs, quīdam aliī scrīptōrēs trēs fuisse sōlōs dīxērunt.

1. Niobe, the wife of Amphion, the king of Thebes, being proud of the number of her children, deemed herself superior to Latona, who had but two, Apollo and Diana. As a punishment her children were all killed by the shafts of the archer god and his sister.

2. Homer, the great epic poet of Greece, may have lived about 900 B.C.

3. Euripides followed Sophocles as the foremost writer of Greek tragedy, 480–406 B.C.

4. Sappho, the greatest of ancient poetesses, lived in the seventh century B.C. and wrote lyrics.

5. Bacchylides, one of the great lyric poets of Greece, flourished about 470 B.C.

6. Pindar, the greatest lyric poet of Greece, was born about 522 B.C.

PRONOUNCING VOCABULARY

OF

GREEK AND LATIN PROPER NAMES.

N.B. *ae* and *oe* are pronounced as *e* would be in the same situation.

A.
Ac'ci-us (ak'shi-us).
A-chil'leṣ.
A-cris'i-us (a-krizh'i-us).
Ad-me'ta.
Ae'a-cus.
Ae'ġypt.
Ae-ġyp'ti-i (e-jip'shi-i).
Aem'i-li-a'nus.
Ae-mil'i-us.
Ae-thi'o-peṣ.
Af'ri-ca'nus.
Al'ci-bi'a-deṣ.
Alc-me'na.
Al'ex-an'der.
Am'a-zon.
Am-bra'ci-a (am-bra'shi-a).
Am'mon.
A-myn'tas.
An-drom'e-da.
An'ti-as (an'shi-as).
An-ti'o-chus.
A'pi-on.
A-pol'lo.
Ar-ca'di-a.
Ar-gol'i-cus.
Ar'go-lis.
Ar'is-tot'e-leṣ.
A-sel'lus.
A'si-a (a'shi-a).
A'si-at'i-cus.
A-te'i-us (a-te'yus).
A-ter'ni-us.
A-til'i-us.
At'las.
A'treus.
Au-ġe'as.
Au'lus.

B.
Bac-chyl'i-deṣ.
Bag'ra-da.
Bib'u-lus.
Bi-thyn'i-a.
Bu-ceph'a-las.
Bu-si'ris.

C.
Ca'cus.
Cae'ṣar.
Can'nae.
Ca-nu'si-um (ka-nu'zhi-um).
Cap'i-to.
Cap'i-to'li-um.
Car-thaġ'i-ni-en'seṣ.
Car-tha'go.
Ca'to.
Cel'ti-be'ri.
Ce-nae'us.
Cen-tau'rus.
Ce'pheus.
Cer'be-rus.
Ce'reṣ.
Cha'reṣ.
Cha'ron.
Ciç'e-ro.
Clau'di-us.
Clyp'e-a.
Cor-ne'li-a.
Cor-ne'li-us.
Cras'-sus.
Cre'on.
Cre'ta.
Croe'sus.
Cro-to'na.

D.
Dan'a-e.
De-i'a-ni'ra (de-ya-ni'ra).
Del'phi-cus.
De-mos'the-neṣ.
Den-ta'tus.
Di-aġ'o-ras.
Di'o-me'deṣ.

E.
Ech'e-clus.
E-lec'tra.
E'lis.
E-lyṣ'i-an (e-lizh'i-an).
En'ni-us.
Eph'e-sus.
Er-ġi'nus.
Er'y-man'thus.
Er'y-thi'a.
Eu'no-mus.
Eu-rip'i-deṣ.
Eu-ro'pa.
Eu-rys'theus.
Eu-ryt'i-on (yu-rish'-un).
Eu'ry-tus.

F.
Fa'bi-a.
Fa'bi-us.
Fa-bric'i-us (fa-brish'i-us).
Fav'o-ri'nus.
Flac'cus.
Flam'i-ni'nus.
Ful'vi-us.
Fu'ri-us.

G.
Ga'i-us (ga'yus).
Gal'ba.
Gal'li-a.
Gal'lus.
Gel'li-us.
Ġe'ry-on.
Gor'go-neṣ.
Grac'chus.
Grae'ae.
Grae'ci-a (gre'shi-a).

H.
Ha'deṣ.
Han'ni-bal.
Han'no.
Has'dru-bal.
Her'cu-leṣ.
He-rod'o-tus.
He-si'o-ne.
Hes-per'i-deṣ.
Hip-pol'y-te.
His-pa'ni.
His-pa'ni-a.
His'ter.
Hy'dra.
Hy-ġi'nus.

I.
I'o-la'us.
I'o-le.
Iph'i-cleṣ.
I-ta'li-a.

J.
Ju'li-us.
Ju'no.
Ju'pi-ter.

L.
Laç'e-dae-mo'ni-i.
La-co'ni-a.
Lae'li-us.
La-om'e-don.
La-ris'sa.
Len'tu-lus.
Lep'i-dus.
Ler'na.
Ler-nae'an.
Le'the.
Lib'y-a.
Li'chas.
Lig'u-reṣ.
Li-gu'ri-a.
Li'nus.
Lit'er-ni'num.
Lu'ci-us (lu'shi-us).
Lu-cul'lus.
Lus'ci-nus.

M.
Maç'e-don.
Maç'e-do'ni-a.
Maç'e-don'i-cus.
Maç'e-tae.
Ma-nil'i-us.
Mar'ci-us (mar'shi-us).
Mar'cus.
Marṣ.
Mas'i-nis'sa.
Mas-si'va.
Mau'ri.
Me-du'sa.
Mer-cu'ri-us.
Me-tel'lus.
Mi'lo.
Mi-ner'va.
Mi'nos.
Min'y-ae.
Mith'ra-da'teṣ.
Mum'mi-us.

N.
Nae'vi-us.
Ne-mae'a.
Nep-tu'nus.
Ne'ro.
Nes'sus.
Ni-ca'nor.

Niç′i-as (nish′i-as).
Ni′lus.
Ni′o-be.
Nu-man′ti-a (nu-man′shi-a).
Nu′man-ti′ni.
Nu′mi-da.
Nu-mid′i-a.

O.
O-ce′a-nus.
Oe-cha′li-a.
Oe′neus.
Oe′ta.
O-lym′pi-a.
O-lym′pus.
Or′cus.
O-res′tes.
Os′can.

P.
Pa-cu′vi-us.
Pa-pir′i-us.
Pa-ta′vi-um.
Pau′lus.
Per′sa.
Per′seus.
Phar-sa′li-a.
Phi-lip′pi.
Phi-lip′pi-des.
Phi-lip′pus.
Phi′lus.
Pho′lus.
Pin′da-rus.
Pi-sis′tra-tus.
Plau′tus.
Plu′to.
Poe′ni.
Po′lus.
Po-lyb′i-us.

Po-lyc′ri-ta.
Pol′y-dec′tes.
Pom-pe′i-us (-yus).
Pon′tus.
Por′ci-us (por′shi-us).
Prae′tex-ta′tus.
Pro-ser′pi-na.
Ptol′e-my (tol′e-my).
Pub′li-us.
Pyr′rhus.
Pyth′i-a.

Q.
Quad′ri-ga′ri-us.
Quin′tus.
Qui-ri′tes.

R.
Reg′u-lus.
Rhad′a-man′thus.
Rhod′a-nus.
Ru-fi′nus.

S.
Sal-lus′ti-us.
Sam-ni′tes.
Sam′o-thra′ce.
Sap′pho (saf′o).
Scip′i-o.
Se-leu′cus.
Se′na.
Sen′e-ca.
Se-ri′phus.
Sib′yl-li′ni.
Si-cil′i-a.
Si-cin′i-us.
Sic′u-li.
Soc′ra-tes.
Soph′o-cles.

Spu′ri-us.
Stym-pha′lus.
Sul-pic′i-us (sul-pish′i-us).
Su-per′bus.
Sy′phax.
Syr′a-cuse.
Syr′i-a.

T.
Taen′a-rum.
Tar-pe′i-us (-yus).
Tar-quin′i-us.
Tar′ta-rus.
Ter′ti-a (ter′shi-a).
The′bae.
The-ba′ni.
Ther-mo′don.
Thes-sa′li-a.
Thra′ci-a (thra′shı-a).
Tib′e-ris.
Ti-be′ri-us.
Ti-ci′nus.
Ti-moch′a-res.
Ti′ro.
Ti′ryns.
Tro′ja.
Tro-ja′ni.
Tul′li-us.
Tus′cu-lum.

V.
Vol-ca′nus.

X.
Xan-thip′pe.
Xan-thip′pus.
Xerx′es.

Z.
Za′ma.

www.ingramcontent.com/pod-product-compliance
Lightning Source LLC
Chambersburg PA
CBHW030255170426
43202CB00009B/755